AF562020

Lena Lindgren

Echo – Ein Essay über Algorithmen und Begehren

Aus dem Norwegischen von
Andreas Donat

An meine Eltern

DAS TAL

Auf meinem Schreibtisch in Norwegen liegen drei Souvenirs aus dem Silicon Valley. Zwei davon sind Fotos. Auf dem einen blinzle ich in den Sonnenschein, während ich leicht unmotiviert einen Daumen in die Höhe strecke. Auf dem zweiten bin ich neben einer gigantischen Keks-Skulptur verewigt.

Das dritte Souvenir ist ein Moosbüschel mit leicht vergilbten Rändern. So, mit diesen drei Dingen, hat es angefangen.

Zuerst war alles nur Autobahn und Sumpfland. Dann wurde auf einer ausgedörrten Ebene eine Ansammlung von Gebäuden sichtbar. Facebook war der Name dieser Agglomeration, ein Staat im Staate Kalifornien. 2011 hatte CEO Mark Zuckerberg die Rechte erworben, diesem ganzen Gelände einen neuen Namen zu geben. Er entschied sich für eine Adresse mit nur einer Hausnummer: Hacker Way 1.

Was ich eigentlich wollte, war ein Interview mit Zuckerberg selbst. Ich hatte tausend Fragen an ihn. Ist er in Bezug auf die Demokratie wirklich so sorglos, wie er zu sein vorgibt? Und wie läuft es mit der Forschung im Bereich der Telepathie? Denn Zuckerberg hat klargestellt, dass für ihn die Entwicklung von Technologie zur Ermöglichung direkter Gedankenübertragung im Augenblick erste Priorität hat. »Telepathie wäre die ultimative Kommunikationstechnologie«, hat er erklärt.[1]

Doch egal, aus welcher Richtung ich es versuchte, jedes Mal versperrte mir eine Schiebetür oder ein glattes Lächeln den Zugang. Facebook war eine uneinnehmbare Festung. Wie viele verschlossene Türen kann es an einer Adresse geben, die nur eine einzige Hausnummer hat?

Unterhalb der Auffahrt zum Facebook-Gelände hatten sich etwa dreißig Menschen versammelt, um vor dem enormen hellblauen Daumen, der von den Reisebüros als eines der markantesten Wahrzeichen des Silicon Valley angepriesen wird, für ein Foto zu posieren. Auf einmal fand ich mich mitten in dieser Reihe von Fremden wieder. Vermutlich war es die fröhliche Stimmung gewesen, die mich angezogen hatte, diese besondere Beflissenheit von Leuten, die einander nicht kennen und dann plötzlich bemerken, dass sie einander helfen können. Das System in der Schlange war einfach: Man reichte sein Telefon an die Person hinter sich weiter, die hilfsbereit ein Foto knipste, ehe die nächste an die Reihe kam. Während ich mich allmählich dem Schild näherte, fiel mir auf, dass jede und jeder mit einem hochgestreckten Daumen posierte. Denn zweifellos war dieses Setup nicht ohne eine gewisse Intention. Wozu hätte man ein Foto von sich selbst vor dem berühmtesten Daumen der Welt haben wollen, wenn man dabei nicht mit dem eigenen, individuellen Daumen dem Beispiel des großen folgte? Jetzt mal nicht zu viel nachdenken, sagte ich mir. Immerhin gab es doch nichts Einfacheres auf der Welt, als den verdammten Daumen in die Höhe zu strecken.

Die ganze Schlange schien meine Schritte zu beobachten, während ich auf das Schild zuging. Ich wurde von einem smarten und gut gelaunten Mädchen fotografiert. *Thumbs up!*, lächelte sie und wartete freundlich.

Die Garagengründer dieses Tals haben eine neue Welt erschaffen. Daher wird das Silicon Valley in Büchern und im Fernsehen häufig als »Tal der Götter« bezeichnet. Oder manchmal auch als »Tal der Titanen«.

Ich bin alles andere als eine Titanin. Ich bin eine norwegische Journalistin mit Konzentrationsschwierigkeiten. Warum war ich überhaupt hergekommen? Zu Hause in Norwegen hatte ich immer öfter eine Art Realitätsverschiebung erlebt. Sie meldete sich morgens, wenn ich auf mein Handy schaute und alles über mich hereinbrach. Die Weltnachrichten fühlten sich an wie Aufkleber, die man auf der Realität angebracht hatte; sie saßen nicht fest. Ich sah glitzernde Kleider auf roten Teppichen, Leichen Geflüchteter, die an der Wasseroberfläche trieben. Selbstmordstatistiken und Schamanen, Influencerinnen und gehäutete Pelztiere. Irgendwann einmal hatte es in meinem Hirn einen Spamfilter gegeben, der war nun defekt. Deshalb war ich hierhergekommen. Vorerst kann ich keine klarere Antwort geben als diese.

Disruption – in diesem im Silicon Valley geprägten Schlagwort ist ausgedrückt, was den Kern der Ideologie des Tales ausmacht. »*To disrupt*« bedeutet »unterbrechen« oder »zerstören«: Die alten Systeme sollen zerschlagen und mit der Wurzel ausgerissen werden. Disruption war das Ziel jener Knabengötter, die sich Anfang der 2000er-Jahre hier niederließen: Ihr Motto war es, Vollgas zu geben, was auch immer ihnen in den Weg kommen mochte. *Move fast and break things*, wie Mark Zuckerberg es in Facebooks unternehmensinternem Motto so prominent formuliert hat.

Anfangs war ich von diesem Wort fasziniert. »Disruption« klang nach einer Mischung aus Innovation und Destruktion und weckte in mir Assoziationen an Piratenflaggen und *counterculture*. Das einzigartige Unternehmertum dieses Tals gilt als Phänomen, das aus der Hippiebewegung der Sechzigerjahre hervorgegangen ist. Vermutlich liegt darin der Grund, dass man sich den Archetypus des Garagengründers aus dem Silicon Valley gern als eine Art spirituellen Nerd vorstellt. Das Problem ist, dass die Disruption keineswegs von irgendwelchen charmanten Mathegenies mit Kapuzenpulli und schiefen Zähnen angeführt wird, sondern von den reichsten Unternehmen der Welt mit unverhohlenen Allmachtsambitionen. Die freien Garagen gibt es nicht mehr, das Tal ist zur Heimat der Headquarters von Alphabet (Google, YouTube), Meta (Facebook, Instagram), Apple, Netflix etc. geworden.

Eine Branche nach der anderen, einen Gesellschaftsbereich nach dem anderen hat die Disruption zerfetzt. Alles ist anders geworden, in weniger als zwei Jahrzehnten.

Das Silicon Valley ist von einer betörenden Schönheit. Seinen Namen trägt es erst seit relativ kurzer Zeit. Die ältesten Bewohnerinnen und Bewohner sind im Bezirk Santa Clara aufgewachsen, in einem Tal mit jeder Menge Obstbäumen, vor allem Aprikosen. Auf Tausenden kleinen Farmen wurden Marmeladen und Säfte hergestellt und abgefüllt. Im Winter wurde Brandy gemacht und gelbe Marmelade im Sommer, und im Herbst wurden Aprikosen getrocknet.

Der Name Silicon Valley soll angeblich aus einem Zeitungsartikel von 1971 stammen, als ein Journalist einen Artikel über die zunehmende Bedeutung der Produktion von Mikrochips aus Silizium (englisch *silicon*) schrieb.

Das Tal ist immer noch schön, auch wenn die kleinen Farmen riesigen Unternehmensgebäuden gewichen sind. Die ältesten Einwohnerinnen und Einwohner, lese ich, sollen sich immer noch an den über den Feldern hängenden Duft gekochten Obstes erinnern können.

Google liegt nur eine Viertelstunde Autofahrt von Facebook entfernt und war jahrelang bekannt für sein Motto: *Don't be evil.* Das klingt hübsch, ein bisschen wie aus einem Star-Wars-Film. Seit einigen Jahren lautet das Motto: *Do the right thing.* Aber Journalistinnen empfangen, das tut man auch bei Google nicht.

Dennoch war die Freundlichkeit in Googles farbenreicher Rezeption greif- und fühlbar. »Lass dir auf keinen Fall unsere Hauptattraktion entgehen!«, sagte der junge Mann hinter der Theke und deutete in Richtung eines Themenparks auf dem Campus. Das Lustige an dem Park seien, wie er erzählte, die Skulpturen, die alle möglichen beliebten Süßigkeiten darstellten, deren Namen aber zugleich Codenamen der Softwareversionen von Googles Betriebssystem Android entsprächen. Als ich in den Park kam, sah ich Markenwaren, die ich aus US-amerikanischen Süßigkeitenregalen kannte: CupCakes, Jelly Bean, KitKat, vergrößert als riesige Glasfasermodelle. Zugleich waren die Skulpturen, wie ich nun begriffen hatte, keine Hommage an die Süßigkeiten, die sie darstellen sollten, sondern ein Verweis auf eine Markenware, die nach einer anderen Markenware benannt war, in einer Übereinanderschichtung von *brands.* Die Touristinnen und Touristen wurden zu Kindern, sie wimmelten umher und kletterten auf den Modellen herum. Die beliebteste Süßigkeit (oder Softwareversion, je nachdem) war zweifellos die neueste: der Oreo-Keks. *Picture ta-*

king is encouraged!, stand auf einem Schild gleich daneben.

Und tatsächlich hatte sich auch hier eine kleine Warteschlange gebildet.

James Williams hat früher als Chefingenieur hier auf dem Google-Campus gearbeitet. Eines Tages im Jahr 2017 kündigte er und beschloss, Philosophie zu studieren. Er sei verwirrt gewesen, schreibt er, desorientiert. Er habe sich durch die Medientechnologie abgelenkt gefühlt. Es sei jedoch keine gewöhnliche Ablenkung gewesen, sondern eine ihm bisher unbekannte Art von *distraction*, für die er keine Worte hatte. In seinem Buch *Stand Out of Our Light* (2018) stellt er die These auf, dass die Medientechnologie uns nach und nach des Lichtes beraube. Er schreibt über die Auswirkungen der Technologie auf unsere Sinne, unser Gehirn und unsere Gesellschaft. Als Erstes, schreibt er, würden unsere *Scheinwerfer* zu Bruch gehen, unsere Konzentrationsfähigkeit. Dann werde unser *Tageslicht* geschwächt, die Fähigkeit, klar zu sehen und gesellschaftsbezogene Entscheidungen zu beleuchten. Und schließlich würde uns das *Sternenlicht* genommen werden, das Licht, zu dem wir aufschauen, um Hoffnung und Richtung zu finden, und das dem Leben einen Sinn geben kann.

Williams verließ Google, um das Licht der Aufmerksamkeit wiederzufinden.

Eine Widerstandsbewegung ist im Gange.

Das Silicon Valley ist berühmt und berüchtigt für zwei Arten von Technologie: Medientechnologie und transhumanistische Technologie. Ich persönlich betrachte diese beiden als zwei Versionen ein und derselben Idee – nämlich der Erweiterung unser selbst. Ich greife hier auf eine altbekannte Formulierung zurück, und zwar auf Marshall McLuhans Definition des Medienbegriffs: *Medien sind Erweiterungen des Menschen.* McLuhan, Kanadier mit klassischer Bildung und vielleicht der erste Mediendenker der Welt, hat sein Lebtag keinen Computer gesehen und besaß vermutlich nicht einmal einen Fernseher. Dennoch beschrieb er das Internet bereits im Jahr 1964, viele Jahrzehnte bevor die hellen Köpfe des Silicon Valley damit anfingen, ihr digitales Netz um den Globus zu spinnen. »Die neue elektronische Interdependenz verwandelt die Welt in ein globales Dorf«, prophezeite er mit schallender Stimme.[2] Aus diesem Grund genießt er im Bereich der Medienwissenschaft den einzigartigen Status einer hellsichtigen Kultfigur.

Der Medienbegriff umfasste für McLuhan mehr als bloß »die Presse« oder »den Rundfunk«, er betrachtete Medien als Erweiterungen unseres Sinnesapparats. Ja, McLuhans Theorie ist im weitesten Sinne auch eine Theorie über Sinneswahrnehmung. Er war wunderbar unpräzise und konkret zugleich. Er betrachtete das Rad als Verlängerung unserer Füße, das Telefon als Verlängerung der Stimme, das Fernsehen als

Verlängerung von Augen und Ohren, den Computer als Verlängerung des Gehirns und elektronische Medien im Allgemeinen als Verlängerung des zentralen Nervensystems.[3] Mir gefällt diese Gedankenwelt, weil sie sich an Nicht-Technologinnen wie mich richtet und weil sie durch ihre Definition die Technologie zu einem Teil von uns selbst macht. Eine solche Definition belässt uns auch nicht in dem Irrglauben, dass es sich bei Technologie um etwas Neutrales handle. Denn wie oft bekommen wir stumpfe Sätze wie diesen zu hören: »Nicht die Technologie an sich ist verwerflich, sondern die Art und Weise, wie wir sie nutzen«. Das ist die Silicon-Valley-Version des Satzes »Es sind nicht die Waffen, die Menschen töten«. Als Erweiterung unser selbst ist Technologie per definitionem nichts Neutrales. Jede Datentechnologie wird entwickelt, um etwas zu erreichen. Kybernetik ist die Wissenschaft, die sich damit beschäftigt, wie Systeme funktionieren und wie wir Technologie entwickeln können, die automatisch das tut, was wir uns wünschen. Der Begriff hat seine Wurzel im griechischen Wort *kyber*, was so viel bedeutet wie »steuern«. Also steuern wir, durch unsere technologischen Verlängerungen, tatsächlich in eine bestimmte Richtung. Aber wohin? Haben wir die geringste Ahnung? Welcher Prozentsatz der Technologieentwicklung wird vor allem von blinden Trieben gesteuert?

Die Grenzen zwischen Mensch und Medientechnologie werden kontinuierlich undeutlicher. Wenn die Technologiegiganten ihre Produkte lancieren, tun sie dies ironischerweise auf eine McLuhan'sche und »sinnliche« Art und Weise. Wenn Google und Facebook behaupten, die Bild- und Stimmerkennung mache unsere Smartphones zu unseren »Augen und Ohren, mit denen wir die Welt wahrnehmen«, dann sprechen sie die Sprache McLuhans. Wenn sie von der Entwicklung von *big data* als »Nervensystem des Planeten« sprechen, ist es, als hörte man die Stimme des kanadischen Professors aus dem Grab schallen.

Es ist also kein Zufall, dass jene Unternehmen, die die sozialen Medien begründet haben, Facebook und Google, jetzt an einer Technologie forschen, die unsere Körper und Hirne »verbessern« soll (*human enhancement technology*). Das Ziel ist, uns einen besseren Seh- und Hörsinn zu verschaffen, eine raschere Reaktionsfähigkeit und ein radikal besseres Gedächtnis. Darum ist dieses Tal in den USA die Heimat sowohl der Garagengründer als auch der Transhumanisten, und die beiden sind untrennbar miteinander verbunden.

Kürzlich bin ich in der wissenschaftlichen Zeitschrift *Nature* auf einen Artikel gestoßen, in dem eine Gruppe von Forschern im Rahmen einer Studie zu dem Schluss kam:

> Hiermit liefern wir Beweise aus den Gebieten von Verhaltenspsychophysik, Strukturmechanik sowie Neuronenmodellen, aus welchen hervorgeht, dass Werkzeuge von unserem Nervensystem nicht als einfache distale Verbindungen zwischen Hand und Umgebung, sondern als sensorische Erweiterungen des Körpers behandelt werden.[4]

Unser Nervensystem begreift Werkzeug also tatsächlich als eine Erweiterung unseres Körpers. McLuhan war auf der Spur einer großen Theorie der Sinne, die erklären kann, weshalb die Disruption eine derart starke Wirkung auf uns hat, sowohl in sinnlicher, gesellschaftlicher als auch existenzieller Hinsicht.

In dem Jahr, in dem ich geboren wurde, 1969, behauptete Marshall McLuhan, die Menschheit würde ihre Lesefähigkeiten »hinter sich« lassen. Für ihn war die Medientechnologie die wichtigste transformative Kraft der Geschichte. Viele Hunderte Jahre leben wir nun bereits in einer Welt mit linearer Geschichtsschreibung, linearen Muttersprachen und Nationalstaaten. Hinzu kommt ein ausgeprägter Glauben an Ihre und meine individuelle Identität. All das ist seiner Ansicht nach ein Resultat des Buchdrucks sowie der Schriftsprache. Doch nun scheint die Zeit der Schriftkultur in ihren letzten Zügen zu liegen. Die elektronische Technologie wird uns verändern, zuerst auf Sinnesniveau, dann auf Gesellschaftsniveau. Wieder und wieder werden sich laut McLuhan *die Menschen in ihre eigenen Medien verwandeln*, denn dies ist der Lauf der Geschichte. Was bedeutet das für uns im 21. Jahrhundert? Dass wir uns in ein Stück Smarttechnologie verwandeln werden?[5]

All das mag vielleicht etwas kryptisch klingen. Aber dort, im Tal der Götter, kam es mir plötzlich so vor, als verstünde ich es. Wenn das Silicon Valley uns – oder unseren Nachkommen – ermöglicht, Bilder und Worte direkt von Hirn zu Hirn zu versenden, was sind wir dann anderes als Medien? Wenn die Menschen der Zukunft – jedenfalls die reichsten – kurz mal einen Abstecher ins Labor machen können, um ihren Seh- und Gehörsinn sowie ihre Gehirnkapazität upzugraden, dann wird der Mensch wohl oder übel selbst zu einem Stück Smarttechnologie. 2021 präsentierte Elon Musks Unternehmen Neuralink einen Chip, der in unser Gehirn implantiert werden kann. Langfristig, behauptet er, soll dieser menschliche und künstliche Intelligenz vereinen können. Mark Zuckerberg hat eine ganze Abteilung – »Building 8« – der Entwicklung einer anderen Variante derselben Technologie gewidmet, einer sogenannten »Gehirn-Computer-Schnittstelle«, deren Ziel wie gesagt Telepathie ist. Ray Kurzweil, Googles Director of Engineering, behauptet seit mehreren Jahren, bis 2050 werde die Menschheit aus »Hybriden« bestehen. Hirnimplantate werden uns direkt mit dem Internet verbinden können, meint er, und uns in die Lage versetzen, sowohl Klang als auch Bilder direkt ins Gehirn herunterzuladen.

Vor fünfzig Jahren mögen sich McLuhans Prophezeiungen nach Science-Fiction angehört haben, und für mich tun sie das eigentlich noch immer. Aber dennoch – jetzt wird sie erforscht, diese Zukunft, hier im Tal der Götter, Tal der Täler, in dieser Domäne der kuscheligen Kapuzenpullis.

Wie wird es sich anfühlen, ein Medium zu werden? Werden wir von innen nach außen sehen – oder umgekehrt: von außen nach innen? Werde ich auf meinen eigenen Körper herabblicken wie von einer Wolke?

Wird man den Sinnesapparat auf Lautstärke, Kanäle, Frequenzen einstellen können? Wird man mehrere Stimmen gleichzeitig wahrnehmen können? Wie wird sich die künstliche Intelligenz für unsere Körper anfühlen?

Und wer werden die Verliererinnen und Verlierer sein? Was wird aus denen, die sich keine Aufrüstung ihres Sehens oder Denkens leisten können? Werden die zu einer überholten Art degradiert werden, einer biologischen Unterklasse?

Sehen, hören, fühlen. In letzter Zeit ertappe ich mich oft dabei, diese drei Wörter zu wiederholen, wie eine Art Kinderreim. Sehen, hören, fühlen: Konstatierung und Rebellion. Wer, wenn ich fragen darf, werden die Besitzer unseres Sinnesapparats sein?

Auf meiner Sightseeingtour durch das Silicon Valley fehlte mir noch eine Station. Unter den Notizen auf meinem Telefon war ein Name rot markiert: Peter Thiel.

Peter Thiel ist nicht so bekannt wie Facebooks Mark Zuckerberg, Amazons Jeff Bezos, Elon Musk oder viele andere Gründerlegenden. Dafür wirkt er um einiges klüger. Als Investor und Gründer steht er hinter mehreren der ganz großen Erfolgsgeschichten des Tals. In der Presse wird er oft als geheimnistuerisch bezeichnet. Ein anderes Wort, das in Beschreibungen von ihm immer wieder auftaucht, ist »opak« – undurchsichtig, eine matte Oberfläche. Auf meiner Suche nach den Kräften der Disruption, während meiner mehr oder weniger ziellosen Streifzüge durch das Internet, stoße ich ununterbrochen auf seinen Namen.

Thiel ist dreiundfünfzig Jahre alt und stammt ursprünglich aus Deutschland. Als Teenager kam er ins Silicon Valley, wo er an der renommierten Stanford University Philosophie studierte. Bereits in jungen Jahren soll er durch seine Andersartigkeit hervorgestochen haben. Ihm wird nachgesagt, als Dreizehnjähriger Machiavelli und als Neunzehnjähriger Ayn Rand gelesen zu haben. Reagan ist sein Lieblingspräsident, Tolkien sein Lieblingsautor. Und »Disruption« ist – wenn man der Presse Glauben schenkt – sein Lieblingswort.

Während die anderen Gründerjungs in Kapuzenpullis herumliefen und Apps zum Pizzabestellen erfanden, trug Thiel einen dunklen Anzug und wurde Investor. Selbstverständlich gründete auch er eigene Unternehmen – die waren allerdings wichtige, erwachsene Unternehmen: zuerst PayPal, gemeinsam mit dem später berüchtigten Elon Musk, ein Unternehmen, mit dem die beiden den Code digitaler Geldtransaktionen knackten. Danach kam Palantir, das sich auf die Entwicklung von Software zur Analyse großer Datenmengen spezialisiert hat, vor allem im Bereich der Spionage, Terrorbekämpfung und politischen Überwachung.[6] Anfang der Nullerjahre, als die anderen Kleingründer darauf hofften, dass Peter Thiel in ihre Start-ups investieren würde – was er häufig und großzügig tat –, baute er sich seinen eigenen Kundenbestand auf. Einer seiner ersten Kunden war die CIA. Heute stehen auch das Pentagon, das FBI, die NSA und die norwegische Polizei auf der Thiel'schen Kundenliste. Angeblich werden durch Palantir wöchentlich Terroranschläge gegen westliche Länder vereitelt. Darüber hinaus war Thiel sechzehn Jahre lang im Vorstand von Facebook tätig, denn er ist mit Mark Zuckerberg befreundet und war seinerzeit dessen allererster Investor.

Die anderen Gründer stammen größtenteils aus den Reihen der Demokraten. Thiel hingegen ist hartgesottener Republikaner. Er war Donald Trumps Mann im Silicon Valley und saß im sogenannten Technologieexpertenkomitee des Weißen Hauses an der Seite des Präsidenten. Trump hat gern damit geprahlt, sie beide seien »Freunde«. Thiel seinerseits würde Trump jedoch niemals als Freund bezeichnen. Das würde nicht zu seiner Aura europäischen, intellektuellen Ernstes passen. Ja, Thiel hat Trump unterstützt, sowohl finanziell als auch politisch. Aber Freund? Nein.

Neben der Führung seines Überwachungsimperiums unterrichtet Thiel gelegentlich Philosophie an der Stanford University. Oft kritisiert er hierbei das Silicon Valley für seine »unerträgliche politische Korrektheit«.

Er sieht kräftig aus und ist es höchstwahrscheinlich auch. Angeblich lebt er nach einer Steinzeitdiät und nimmt Wachstumshormone zur Erhaltung seiner Muskelmasse ein. Irgendetwas an ihm erinnert mich an einen kurzhaarigen Hund oder an einen Bären. Auch auf dem Gebiet lebensverlängernder Technologien – also der Forschung nach Mitteln zur Hinauszögerung des Todes – ist er der wichtigste Investor des Tals. Aber im Gegensatz etwa zu Googles Bill Maris, der behauptet, man könne fünfhundert Jahre lang leben,[7] oder zum Transhumanisten Ray Kurzweil, der gar ewig leben möchte, macht Thiel einen vergleichsweise nüchternen Eindruck. Hundertfünfzig Jahre, schätzt er, vielleicht länger. Dagegen klingen die anderen beiden regelrecht unseriös.

Ums Handgelenk trägt er ein Armband mit einem Amulett. Darauf stehen einfache Anweisungen für jene Person, die ihn findet, falls er in einem Unfall ums Leben kommen sollte. Er wünscht, nach Arizona gebracht zu werden, wo er von Alcor in einem sterilen Behälter eingefroren werden möchte. Die Firma Alcor hat ihre Nische auf dieser Welt gefunden. Sie beschäftigt sich mit der sogenannten Kryonik, einer Technik zum Einfrieren menschlicher Leichen mit dem Ziel, sie in der Zukunft wieder aufzutauen, wenn die Technologie in der Lage sein wird, sie wiederzubeleben.

Peter Thiel gibt so gut wie niemals Interviews. Wenn es dennoch einmal vorkommt, dass ein auserkorener Journalist Gelegenheit zu einer Audienz erhält, wird Thiel fast immer über den Tod befragt.

»Ich bin sein Gegner«, antwortet er dann.

So viele Fäden im komplexen und teilweise widersprüchlichen Geflecht des Silicon Valley laufen in der Person Peter Thiel zusammen. Wenn es in diesem Tal einen Menschen gab, der mir alles erklären konnte, dann, so bildete ich mir ein, musste er es sein. Und ab und zu, wenn mir die Wirklichkeit entgleitet, kommt mir der Gedanke: Thiel kontrolliert das alles. Er ist die Macht hinter der Macht, die Spinne im Internetz. Thiel ist der Pate im Tal der Götter.

Die letzte Station war also Palantir. Das Unternehmen liegt nur eine gute Viertelstunde von den anderen entfernt, die Distanzen hier sind kurz. Auf dem Weg stellte ich mir die Zentrale als eine Festung aus Panzerglas vor, mit Antennen, Leitungen und Tentakeln, die sich in alle Richtungen strecken.

Aber Spionage und Überwachung ist das Letzte, was einem in den Sinn kommt, wenn man die entspannte Rezeption bei Palantir betritt. Ich stotterte mein Anliegen hervor: Ein Termin mit Peter Thiel, ob das denkbar wäre? Der Mann an der Rezeption sah mich lange an. Das sei leider absolut unmöglich. Dann besann er sich auf ein mitleidiges Lächeln. Sie können sich gern ein wenig hier im Eingangsbereich umsehen, sagte er und bot mir einen veganen Muffin an.

An einer Wand hing ein langes, großes Schild. *Save the Shire* stand darauf. Etwas an dem Schild zog mich an. Es schien sich zu öffnen, während ich näherkam. Das lag daran, dass es, wie mir auffiel, aus lebendigem Moos gemacht war. *The Shire* ist der englische Name für das Auenland, jene Region in Mittelerde, wo die Hobbits leben. Ein grüner und sicherer Ort, an den sich die Hobbits, während sie gegen Sauron und die schrecklichen Orks kämpfen, ständig zurücksehnen. Peter Thiel ist ein derart begeisterter Fan des Fantasy-Autors Tolkien, dass er die meisten seiner Unternehmen nach Begriffen aus dem *Herr-der-Ringe*-Universum benannt hat; Namen wie Valar, Mithril, Lembas. Palantir ist das größte Unternehmen, sein Lebenswerk, und der Name suggeriert, dass es uns beschützen soll. Denn Palantíri heißen die sieben Sehenden Steine, die über Mittelerde verteilt waren, um das Reich gegen Feinde zu schützen. Kugeln aus schwarzem, massivem Glas, in denen Ereignisse sichtbar wurden, die sich an anderen Orten, zu anderen Zeiten abspielten. Das tut auch Peter Thiels Technologie. Das Unternehmen hat in Zusammenarbeit mit der NSA und deren Alliierten ein Überwachungssystem geschaffen: die fortgeschrittenste Überwachungsdatenbank der Welt, zusammengetragen von Drohnen, Kameras, menschlichen Spionen und Geldtransaktionen. Palantirs Spezialgebiet liegt in der Fähigkeit, große Datenmengen zu bearbeiten; man hat eine spezielle Software entwickelt, um mit dem Überfluss an Information zurechtzukommen. Wenn Palantir Sie finden möchte, haben Sie keine Chance. Palantir wird Ihren Fingerabdruck unter Milliarden anderen finden. Auf der Welt zu sein, ohne Spuren zu hinterlassen, ist ein Ding der Unmöglichkeit.

Tolkiens Epos, worum ging es da noch mal? Einer der sieben Sehenden Steine landet im Besitz Saurons. Auf diese Weise erhält dieser ein Werkzeug, um die Bevölkerung von Mittelerde zu kontrollieren und zu überwachen. Der Sehende Stein wird zur tödlichen Falle. Insofern ist Palantir eigentlich, in seiner Essenz, weder gut noch böse. Die Geschichte handelt von einer magischen Technologie, die in falsche Hände gerät.

Ich konnte mich nicht zurückhalten und zupfte ein wenig an dem Schild. Ein kleines Büschel grünes Moos löste sich und fiel mir in die Hand. Geruchlos, schwerelos.

DIE WOLKEN

Die Zauberer des Silicon Valley versprechen uns Unsterblichkeit und telepathische Fähigkeiten. Klassische Versprechungen, wie man sie aus dem Bereich der Religion kennt. Aber etwas Wesentliches fehlt ihnen. Was passiert, wenn Mythologien aus den durch sie selbst in all ihrer Komplexität dargestellten Wahrheiten herausgerissen werden?, fragt der amerikanische Kulturkritiker John Freeman in einem Essay, der eigentlich von Donald Trump handelt.

Ich halte das für eine kluge Frage. Das Silicon Valley serviert uns Mythen im Tabloidformat: Die Wahrheit ist einfach, und sie ist *great*. Die Superkräfte, die man uns verspricht, verursachen keinerlei kosmische Unkosten. In den antiken Mythen sah die Sache anders aus. In den Geschichten von Göttern und Titanen, Nymphen und Orakeln gibt es das Böse wirklich. Es kann sich zu erkennen geben, wenn wir es am wenigsten erwarten, und von uns Besitz ergreifen, ohne dass wir es wissen. Selbst den Göttern fehlt der Überblick – ja, gerade die Götter tappen aufgrund ihrer Hybris und ihres Hochmuts besonders oft in die Falle.

Solche uralten Geschichten sind nicht dazu da, uns zu beruhigen. Aber sie bieten uns ein Werkzeug, um uns mit den Kräften, die wir in uns tragen, und den Kämpfen, die wir in uns selbst führen müssen, auseinanderzusetzen.[8]

Die Knabengötter des Silicon Valley erwecken nicht gerade den Eindruck, als würden sie von solchen inneren Kämpfen geplagt. Sie lassen sich weder von Zweifeln noch von Paradoxen beirren. Im Gegensatz zu den antiken Göttern haben sie den totalen Überblick, sie sind *the masters of the universe*. Das ist eine technologische Wahrheit. Und solche Wahrheiten bedürfen keiner mythologischen Komplexität, die braucht man nur herunterzuladen.

Mythos gegen Mythos

Die antiken Mythen besitzen keinen wissenschaftlichen Status, sind aber dennoch Träger des Wissens. In Zeiten jäher Umwälzungen und Uneinigkeiten innerhalb der Wissenschaften können Mythen uns dabei helfen, das Chaos zu ertragen und zu verstehen. Denn die Struktur der klassischen Mythen ist in der Lage, Gegensätze in sich zu vereinen. Und Mythen sind nichts aus reiner Fantasie Erschaffenes. Der Forschung zufolge geht ihre Entstehung auf jahrtausendelange Beobachtung menschlichen Verhaltens zurück. Sie besitzen empirische Präzision, auch wenn sie in farbenreichen und labyrinthischen Wendungen erzählt werden. Um es mit Terje Nordby auszudrücken: »Mythos ist als Rätsel ausgedrückte Weisheit.«[9]

Die Geschichte von Echo und Narziss wurde im Jahr 8 vor Christus vom römischen Dichter Ovid niedergeschrieben. In seinem berühmten Werk *Metamorphosen* ließ er die beiden mythischen Figuren in ein und derselben Erzählung auftreten. Ovids Mythos kann in etwa so nacherzählt werden:[10]

Am Anfang hatte Echo einen physischen Körper und war eine geschwätzige Nymphe. Sie hatte eine »sonderbare Stimme« und »unterbrach alle anderen« – ja, Echo war die Nymphe, die zu viel redete. Damals pflegte Zeus, seine Frau Hera mit anderen Gebirgsnymphen zu betrügen. Hera hatte den Verdacht, dass etwas im Busch war, sie war eifersüchtig und nahm sich vor, ihn auf frischer Tat zu ertappen. Aber jedes Mal, wenn sie es versuchte, trat ihr Echo in den Weg und hielt sie mit ihrem »endlosen Gerede« auf – was Hera verwirrte und ablenkte. Es war offensichtlich, dass Echo die Affären ihres Mannes vertuschen wollte. Bald dämmerte es Hera, dass sie hintergangen wurde. Sie belegte die lästige Gebirgsnymphe mit einem Fluch. Von diesem Tag an konnte Echo nur die letzten Silben dessen wiederholen, was andere gesagt hatten.

Eines Tages erblickt Echo den Jüngling Narziss und verliebt sich augenblicklich. Sie folgt ihm Tag und Nacht, bis er es irgendwann bemerkt. »Wer da?«, ruft er. »Wer da«, antwortet sie. Und so geht es weiter – sie wiederholt alles, was er sagt. Schließlich springt ihm Echo in den Weg und will sich an seinen Hals werfen. Das geht nicht gut aus – erschrocken darüber, dass sie ein reales Wesen ist, stößt Narziss sie von sich. Und von da an beginnt Echos Körper, sich vor Liebeskummer aufzulösen. Mit der Zeit wird sie so dünn, dass der Wind durch sie hindurchfährt. »Nur Stimm ist übrig und Knochen. / Stimme verbleibt; zu Gestein – so sagen sie – wurden die Knochen.« Sie wird unsichtbar, und »nie im Gebirge gesehen, wird sie von allen gehört«. Aber dennoch folgt sie Narziss auch weiterhin, und eines Tages beobachtet sie ihn, als er an eine kristallklare Quelle gelangt. Narziss hat Durst und legt sich hin, um zu trinken. Da erblickt er in der silbrig klaren Wasseroberfläche sein eigenes Bild, und das ist das Schönste, was er jemals gesehen hat. Er verliebt sich, leidenschaftlich und augenblicklich. Weder vermag er zu essen oder zu trinken noch sich loszureißen. Zuletzt stirbt er dort, über sein eigenes Spiegelbild gebeugt. Aus den Bergen blickt Echo zu ihm herab. »Vergebens, mein Geliebter – leb wohl«, sind seine letzten, an sich selbst gerichteten Worte. »Vergebens, mein Geliebter – leb wohl«, antwortet Echo.

Die Götter versammeln sich, um zu trauern, aber als sie seine Leiche verbrennen wollen, bemerken sie, dass sein Körper verschwunden ist. An der Stelle, wo er gelegen hat, wächst eine Blume. Heute heißt diese Blume Narzisse.

Es geht, wie so oft, um unglückliche Liebe. Was ich an dieser Geschichte mag, ist, dass ich durch sie in der Lage bin, meinen Blick neu zu fokussieren, sodass ich – für ein paar flüchtige Augenblicke – meine, sehen zu können, was das *Mediale* ist. Denn ich selbst nehme es kaum noch wahr: all die tausend Kanäle, Apps und Plattformen, der überbordende Bildteppich, der uns tagtäglich rund um die Uhr umschließt. Wie für die meisten von uns ist das Medienzeitalter für mich zum Normalzustand geworden. Und zu durchschauen, worin man selbst verwickelt ist, ist nicht leicht.

Aber Ovid verleiht mir einen frischen Blick. In eine prädigitale Zeit zurückversetzt, kann ich das Besondere an den Phänomenen Echo und Wasserspiegel erkennen. Diese beiden Naturphänomene sind mit medialen Eigenschaften ausgerüstet. In Ersterem wird Klang zum Hörer zurückreflektiert, in Letzterem das Bild zum Betrachter.

Hier sehen wir zwei Wesen, die, um Marshall McLuhans Gedanken zu folgen, regelrecht zu ihrem eigenen Medium *werden*. Echo wird zur Gefangenen in ihrer eigenen Echokammer. Narziss wird zum Gefangenen in seinem eigenen Spiegelsaal. Doch von hier finden die Geschichten sehr unterschiedliche Ausgänge. Narziss stirbt, gefangen in seinem eigenen Spiegelbild. Echo überlebt, aber nur als Reflexion anderer.

Narziss ist am Ende nur er selbst. Echo nur die anderen.

Narziss wird »jemand«. Echo wird »niemand«.

Ein geschlossener Kreis. Eine zwanghafte Wiederholung.

Im Schatten des Narziss

Bevor wir den Mythos also hemmungslos in die 2000er-Jahre verpflanzen, wollen wir einen Blick auf die Deutungsgeschichte werfen, die er durchlebt hat. Doch da fällt uns etwas Seltsames ins Auge: Echo wird so gut wie nicht erwähnt. Während dieser zweitausend Jahre, seit der Mythos niedergeschrieben wurde, hat sich fast alles nur um ihn gedreht: Narziss, die Kultfigur der Psychologie.

Er ist in Shakespeares Sonetten dramatische Tode gestorben, ebenso in den Gedichten Lord Byrons und Charles Baudelaires. Und unzählige Male in der Geschichte der Malerei, von Caravaggio bis Salvador Dalí. In der Gesellschaftsforschung streiten sich die unterschiedlichsten Disziplinen über seinen eigentlichen Charakter. In der Psychoanalyse ist er Sigmund Freuds einsamer Narzisst. Selbstbezogen, ja, aber vor allem leer. Und in seinem Innersten unendlich unsicher darüber, wer er eigentlich ist. In der modernen

Psychiatrie ist er wieder ein anderer geworden – ein gefährlicher und bösartiger Charakter mit der Diagnose einer »narzisstischen Persönlichkeitsstörung«.

Und vor über vierzig Jahren hat Narziss einer ganzen Kultur ihren Namen gegeben, als der Historiker Christopher Lasch in seinem Klassiker *Die narzisstische Kultur* (1979) die amerikanische Gesellschaft entblößte und abkanzelte. Lasch beschrieb eine von Individualismus, Materialismus und Eitelkeit geprägte Kultur. Und ein neues Selbst: porös und empathielos.

Und es sollte noch schlimmer kommen. In den Nullerjahren war im Zusammenhang mit einem von der Wissenschaft als »narzisstische Epidemie« bezeichneten Phänomen eine regelrechte Massenproduktion des griechischen Halbgotts zu beobachten. So lautet etwa eine Analyse zweier einflussreicher Psychologieprofessoren:

> Der Fokus der amerikanischen Kultur auf Selbstbewunderung hat zu einer Flucht aus der Wirklichkeit ins Land der grandiosen Fantasien geführt. Wir haben Bürger mit Scheinvermögen (Tilgungsfreiheit und hohe Verschuldung), Scheinschönheit (plastische Chirurgie und kosmetische Eingriffe), wir haben Scheinsportler (leistungssteigernde Substanzen), Scheinstars (Reality-TV und YouTube) ...[11]

Man hat die Symptome des Narzissmus in allem, von Reality-TV bis hin zu Geldverschwendung und Kindererziehung, gefunden, in Silikonbrüsten, Selfies und Prinzessinnenkleidern. Die USA sind zum »Land der grandiosen Fantasien« geworden und wurden vier Jahre lang von einem orangefarbenen Präsidenten regiert, dessen Narzissmus geradezu offiziell diagnostiziert worden ist.

Heute sehen wir uns mit einer wahren Überfülle an Podcasts und YouTube-Videos zum Thema Narzissmus konfrontiert, ganz abgesehen von Büchern mit Titeln wie *Disarming the narcissist* (2008), *The Narcissism Epidemic* (2009), *Selfie: How We Became So Self-Obsessed and What It's Doing to Us* (2017), *The Narcissist You Know: Defending Yourself Against Extreme Narcissists in an All-About-Me Age* (2016), *The Me, Me, Me Epidemic* (2016), *How to handle a narcissist* (2017), *Narcissist. A Complete Guide for Dealing with Narcissism and Creating the Life You Want* (2019) und *Empaths and narcissists* (2020), um nur einige wenige zu nennen. Auch die Forschung über den Zusammenhang zwischen Narzissmus und sozialen Medien hat massiv zugenommen. Zwischen 2013 und 2018 wurden in den USA und in Europa zweiundsechzig verschiedene Forschungsprojekte zum Thema Narzissmus durchgeführt. Hier sind nur die großen, renommierten Studien mitgezählt und nur jene, die den Zusammenhang zwischen Medienkonsum und Narzissmus untersuchen.[12] Narzissmus kann mittlerweile als eine eigene amerikanische Forschungstradition betrachtet werden – ähnlich wie die britische Forschung über Shakespeare oder die norwegische über Lachs.

Während der letzten Jahre, seit dem Jahr 2020, ist zudem aktiv zu politischem Narzissmus geforscht worden.[13] Den linken *wokes* ist die Diagnose ebenso attestiert worden wie der Alt-Right-Bewegung. Ja, es scheint eine unter Forscherinnen und Sozialpsychologen weitverbreitete Auffassung zu sein, dass die Politik als solche für selbstberauschte Menschen eine mysteriöse Anziehungskraft besitze.

Narziss ist also kein Fremder, er ist ein fester Bestandteil unserer modernen Ideengeschichte. Selbst der Begriff »Narzissmus« ist so »normal« geworden, dass er nicht mehr länger bloß als Hokuspokus unter Klinikern gilt, sondern Teil der Alltagssprache geworden ist, wo er folgende Bedeutung hat: *Krankhafte Selbstliebe* (Großes Norwegisches Lexikon).

Seit 2016 wird in den USA am 1. Juni der World Narcissistic Abuse Awareness Day begangen, an dem Opfer narzisstischen Missbrauchs zusammenkommen, um sich gegenseitig zu unterstützen. Das Wort »Narzissmus« gehört auf YouTube zu den meistgesuchten Begriffen (mit 15 Millionen Suchanfragen pro Monat). Ja, die USA scheinen vom Narzissmus geradezu besessen zu sein.

Und auch wir Norwegerinnen und Norweger sind offensichtlich nicht gänzlich desinteressiert. Im Jahr 2018 fiel mir auf, dass bei Googles jährlicher Auswertung der meistgesuchten Begriffe in Norwegen »Narzissmus« ganz oben stand. Denkbar, dass das auf einen gewissen Reality-Präsidenten zurückzuführen war. Aber es ist nicht zu leugnen: Auch wir starren auf den Narzissten.

Alle reden also von Narziss; kein Wunder, dass er egozentrisch ist. Und da ist es leicht, neugierig zu werden. Was ist es, das wir *nicht* sehen, wenn wir auf ihn starren?

Denn was ist aus Echo geworden? Sie macht die Hälfte von Ovids Mythos aus, aber keine Diagnose ist nach ihr benannt worden. Sie hat keine Gegenwartsforscherinnen und Psychologen, Dichterinnen und Künstler zum Deuten, Forschen, Träumen gebracht. Zwar ist Echo manchmal anwesend, wenn Narziss in den Ölgemälden des 17. und 18. Jahrhunderts dargestellt wird. Da ist sie in der Regel nackt und in einer Ecke des Bildes platziert. Ich glaube nicht, dass ich Echo jemals in einer anderen Rolle gesehen habe als in der einer Statistin, die uns die Blickrichtung weist – schau auf Narziss, der so schön stirbt, schau, wie geheimnisvoll er ist.

Vermutlich liegt ein Großteil der Ursachen für ihre Anonymität in unserer eigenen Deutungsgeschichte. Ich glaube, Echos Verdrängung lässt sich dadurch begründen, dass sie in gewisser Weise eine ungeheuerliche Figur ist. Sie fordert eine Grundprämisse der modernen westlichen Denktradition heraus, nämlich dass jede und jeder Einzelne von uns ein ganz besonderes und autonomes Individuum sei. Echo zeigt uns das Gegenteil: dass der Mensch in Wahrheit kein sonderlich selbstständiges Wesen ist. Dass wir es, ganz im Gegenteil, sehr oft vorziehen, anderen zu folgen.

Aber jetzt können wir sie nicht länger ignorieren. Denn hier kommt sie, Echo! Die globalen digitalen Plattformen bieten Echo eine neue historische Bühne. Sie ist mit einer ganz eigenen Technologie ausgestattet worden, die es uns ermöglicht, die Bildung von Mustern – die Echokräfte – deutlicher zu sehen.

Echos Technologie verbindet uns, zeigt uns, wie viele wir sind, wie ähnlich wir sind, wie klein wir sind. Plötzlich ist es nicht mehr der eine – Narziss –, sondern seine Hinterfrau Echo, die wir begreifen müssen, um die Kennzeichen und Herausforderungen der Gegenwart zu begreifen.

Hiermit ziehe ich also die Nymphe aus dem kulturhistorischen Schlamm von Jahrtausenden. Ich grabe sie aus und hebe sie an die Spitze des Zeitgeistes. Sie soll ihr eigenes, nach ihr benanntes Zeitalter haben: Echos Epoche.

Echos Epoche ist nicht als wissenschaftliche Behauptung gemeint. Mit diesem Text versuche ich, mein eigenes Zeit- und Lebensgefühl in Worte zu kleiden. Und dieses erzählt mir, um es mit McLuhan zu sagen, dass ich mich in immer stärkerem Grad in einer Übergangsphase befinde: einer Übergangsphase zwischen Mensch und Medium.

Die Nymphe ohne Eigenschaften

Aber wer ist Echo? Auf der Suche nach Charaktereigenschaften der Nymphe stellt sich die Frage, ob sie denn überhaupt welche besitzt; allem Anschein nach ist sie in ihrer Rolle als Imitatorin doch einfach nur die Nymphe ohne Eigenschaften.

Aber bei Ovid geht im Verlauf der Geschichte mit dem Charakter der Echo eine Wandlung vor. Zu Beginn hat sie einen physischen Körper. Gegen Ende ist sie unsichtbar geworden. Dazwischen liegen zwei erschütternde Ereignisse: ein Fluch und eine Verliebtheit. Und es wirkt nicht ganz zufällig, dass sie sich gerade in Narziss verliebt hat.

Aber alles der Reihe nach.

Die Handlung im Mythos von Narziss und Echo spielt in drei verschiedenen Landschaften: im Gebirge, im Wald und im Wasser. Im Gebirge war Echo »die schwatzende Nymphe«. Eine starke und unkontrollierbare Figur. Womit hatte sie Hera derart zur Raserei getrieben?

Sie hatte zu viel Information produziert. Ein reißender Strom aus Wichtigem und Unwichtigem, darüber hinaus zur falschen Zeit am falschen Ort. Echo ist eine Informationsnymphe, und sie ist unberechenbar. Die Information ist irreführend, sie trägt dazu bei, Hera hinters Licht zu führen. Für diese Vergehen wird Echo streng bestraft. Sie verliert die Fähigkeit, eigenständige Sätze zu formulieren. Um selbst ans Wort zu kommen, ist sie nun vollständig auf die Stimmen anderer angewiesen, und selbst dann kommen lediglich Bruchstücke und Wiederholungen aus ihr heraus.

Hiermit bekommen wir Echos wichtigstes Kennzeichen präsentiert: Echo, die Imitatorin. Eine Figur, die zur Kommunikation geschaffen ist und die sich nichts mehr wünscht als *Kontakt*, jedoch nur repetieren und reproduzieren kann, was die anderen sagen. Ein hartes Los, werden viele sagen. Dem stimme ich zu.

Die Imitatorin ist heutzutage keine respektable Figur. Niemand sagt zu seinen Kindern: Pass auf, dass du dich ja nicht hervortust, sei lieber wie die anderen. Stattdessen sagen wir: Werde du *selbst*, finde dich *selbst*, sei du *selbst*. Seit der Zeit der Aufklärung betrachtet sich der westliche Mensch als autonomes Einzelindividuum – und je mehr Selbstverwirklichung, desto besser. Das einzigartige Ich ist die größte Marke der Moderne. Mitten in dieses Ideal platzt nun krachend Echo: Sie ist eine Nachplappererin. Eine Plagiatorin. Eine Kopistin. Gibt es für den »modernen Menschen« etwas Peinlicheres, als als Kopist entlarvt zu werden? Nein, da ist es noch besser, talentlos zu sein.

Das ist nicht immer so gewesen, auch nicht im Westen. Einem Schüler von Rembrandt oder Tizian war es eine Ehre, ein guter Kopist zu sein. Hätte im Mittelalter irgendjemand behauptet, sich selbst finden zu müssen, wäre das als ein Zeichen von Wahnsinn verstanden worden. Aus historischer Sicht ist Selbstverwirklichung ein relativ neues Ideal. Den anderen zu gleichen, ist hingegen zu allen Zeiten eine Überlebensstrategie gewesen.

Echo ist die Figur der Replikation, der Repetition, der Reproduktion. Die Technologie des 21. Jahrhunderts bietet ihr die Möglichkeit, ihr enormes Potenzial zu entfalten. Mithilfe ihres Supertools, der Algorithmen, kann sie ihren Kopismus im großen Stil betreiben. Durch Massenbewegungen, Shitstorms, Kampagnen, *memes* verändert sie unsere Gegenwart – sie ist von Natur aus viral.

Virale Information vermehrt sich auf dieselbe Weise wie ein Virus, also durch Replikation (daher die aus der Medizin entlehnte Metapher). Dasselbe tun Meme – ein Konzept, das vom berüchtigten Evolutionsbiologen Richard Dawkins in seinem Buch *The Selfish Gene*[14] vorgestellt wurde. Das Internet-*meme,* dieses Knabberzeug fürs Hirn in Form von Bilderschnipseln, ist nur ein Ableger des »originalen« Dawkins'schen Mems. Dawkins wollte Meme als die Gene der Kultur verstanden wissen: Ideen, Kulturprodukte, Moden, Lieder, Formen. Sie verbreiten sich über ihre Wirte, die Menschen. Wie die Gene sind auch Meme Replikatoren. Darum ist laut Dawkins Imitation die Grundlage für alle Kultur.

Alle Kultur verbreitet sich also via Replikation. Nur dass sich digitale *memes* wesentlich schneller verbreiten als die »alten« Kulturmeme.

Dass Emotionen ansteckend sind, ist aus Gesellschafts- und Hirnforschung hinlänglich bekannt. Beim Anbruch des digitalen Zeitalters galt es hingegen nicht als selbstverständlich, dass Algorithmen Überträger sein konnten. Ironischerweise war eine der ersten Studien, in der man einen digitalen Ansteckungseffekt feststellte, von Facebook selbst durchgeführt worden, in Zusammenarbeit mit Wissenschaftlern der Cornell-Universität. Ein Forscherteam wollte den Effekt emotionaler Ansteckung testen und manipulierte den Nachrichtenstrom von fast 700 000 Usern mit traurigen und aufwühlenden Nachrichten. Das Ziel des Unterfangens war, herauszufinden, ob die Menschen in der Folge auch selbst dunklere und tristere Inhalte posten würden. Als 2014 der Forschungsbericht erschien, kam es zu einem regelrechten Skandal: Das Forscherteam hatte sämtliche Ethikregeln für psychologische Studien ausgehebelt, indem es sich hinter dem Facebook-Netzwerk versteckte.[15] So waren nichts ahnende Menschen zu Versuchskaninchen geworden. Die Studie erntete heftige Kritik. Interessant ist trotz allem das Ergebnis:

> Anhand eines Massenexperiments auf Facebook konnten wir zeigen, dass emotionale Zustände durch emotionale Ansteckung auf andere übertragen werden können (...). Das Experiment liefert Beweise dafür, dass emotionale Ansteckung ohne direkte Interaktion zwischen Menschen (...) und in völliger Abwesenheit nonverbaler Hinweise stattfindet.[16]

Seither sind mehrere Studien zu demselben Ergebnis gekommen. Der vernetzte Mensch ist keineswegs kühl und distanziert, sondern radikal beeinflussbar, im Positiven wie im Negativen.

Im Wald begegnen wir Echo, der Stalkerin. Aus der Ferne hat sie Narziss entdeckt und das Gebirge verlassen, um ihn zu betrachten. Lange folgt sie ihm; ohne dass er es weiß, überwacht sie ihn durch das Blattwerk. Warum fällt ihr Blick gerade auf ihn?

So wie ich es sehe, hat uns Ovid einen Schlüssel in die Hand gedrückt, mit dem wir Narziss verstehen können: Der Schlüssel heißt Echo. Der Fingerzeig liegt im Blickwinkel: Ovid zeigt uns Narziss aus der Verfolgerperspektive. *Sie* entdeckt *ihn*, nicht umgekehrt. Sie ist es, die ihm auf dem Fuße folgt, aus dem Gebirge über den Wald bis zum See. Und sie ist es, die seine Stimme imitiert. Sie ist die ganze Zeit über da – aber sie ist so allgegenwärtig, dass man sie leicht vergisst.

Echo ist die Umgebung und die Bedingung des Narziss, sein Follower und Fan. In übertragener

Bedeutung ist sie die Kultur und der Kontext, der Narziss überhaupt möglich macht. Und wie der Dichter Ovid die Sache schildert, lässt die Anwesenheit der Nymphe Narziss keineswegs unberührt: Er redet mit ihr, weil er vom Klang der eigenen Stimme fasziniert ist. Narziss *braucht* ein begehrendes Echo um sich herum; es trägt zur Illusion seiner eigenen Größe bei.

Echos Geschichte hilft uns, die Geschichte der Dekadenz zu verstehen, die den Westen in den vergangenen fünfzig Jahren so stark geprägt hat. Denn Narziss ist kein isoliertes Rätsel: Echo erschafft eine narzisstische Kultur, indem sie sie züchtet, sie imitiert, sie kopiert und verbreitet.

Beim Untersuchen unserer eigenen Zeit wird Narziss also keineswegs verschwinden. Nein, in unserem intensiven Medienzeitalter gibt es eine ganze Reihe »narzisstischer« Frontfiguren. Womit wir es hier zu tun haben, ist eher eine *Front-stage/Back-stage*-Thematik. Narziss, der ans Rampenlicht gewöhnte Blickfang, möchte ununterbrochen die Bühne erobern. Ich meinerseits versuche eifrig, in seinem Schatten Echos Umrisse zu erkennen. Wenn Echo aus dem Hintergrund hervortritt, ändert sich der Charakter der »narzisstischen Epidemie«. Die Silikonbrüste und Schmollmünder stehen in Zusammenhang mit der mittlerweile zum Normalzustand gewordenen *out of body experience*, dem Unwirklichkeitsgefühl, das die Medien hervorrufen. Ist all das nur ein Symptom von Selbstverliebtheit? Vielleicht ist der übersteigerte Narzissmus nichts anderes als der sichtbare Ausdruck eines wachsenden kulturellen »Echoismus«?

Am Wasser, der letzten von Ovids Landschaften, hat Echo keinen Körper mehr. Sie ist dünner und dünner geworden, schildert Ovid, zuletzt so dünn, dass der Wind durch sie hindurchbläst. Als unsichtbare, aber allgegenwärtige Kraft überwacht sie Narziss.

Ich finde das interessant: Echo überlebt Narziss. Sie reflektiert seine Worte weiter bis in den Tod und darüber hinaus. »Vergebens, mein Geliebter – leb wohl!«, ruft Narziss sich selbst zu, dort am Ufer. Dann stirbt er, gebeugt über sein eigenes Bild. »Vergebens, mein Geliebter – leb wohl!«, antwortet Echo. Die geschwätzige Nymphe behält das letzte Wort.

Ovid hat in seinem Mythos ein Porträt gezeichnet. Echo als begehrliche Figur, auf beharrliche Weise sozial und reflexiv; erst durch das Reden anderer werden ihre Eigenschaften zum Leben erweckt. Zugleich ist sie wie die Luft, die wir atmen, unsichtbar und allgegenwärtig. Ovid hat eine Beziehung gezeichnet, eine Kommunikationslogik, eine Kraft, die uns selbst verborgen ist.

Als Symbol der Gegenwart kann Echo uns einiges über Massensuggestion und Realitätsverschiebungen erzählen, über intensive Fankultur und nicht minder intensive Verfolgung. Die medialen Kräfte sind stark, sie können uns daran hindern, einander zu sehen und zu hören. Die Nymphe mag einen relativ dysfunktionalen Eindruck machen, doch vielleicht ist auch eine Hoffnung an sie geknüpft. Echo gibt uns die Konturen eines neuen Selbst, das ziemlich anders aussieht als das aufgeblasene Ego in der »narzisstischen Kultur«.

Anders als der Narzisst fühlt sich Homo Echo nicht als Mittelpunkt der Welt. Homo Echo ist der vernetzte Mensch. Empfänglich für den Blick und die Bewegungen anderer, mit anderen verbunden, fusioniert und verwoben, in einem gemeinsamen Schicksal auf einem geplagten Planeten. Ein Mensch, der ein Teil von etwas Größerem ist – und das auch weiß.

Disruption!

6. Januar 2021: An diesem Abend trat die sogenannte Alt-Right-Bewegung aus dem Internet hervor und manifestierte sich auf den Straßen Washingtons. Wie ein vielköpfiger Troll marschierte die Menge auf den Kongress der Vereinigten Staaten zu. Trump-Unterstützer mit roten Caps, offensichtliche Faschisten, und mitten unter ihnen ein halb nackter Mann mit einer Tiara aus Büffelfell und riesigen Hörnern, bekannt als der QAnon-Schamane. Als der Pöbel schließlich das Kapitol stürmte, fühlten

sich nicht wenige, unter ihnen der norwegische Schriftsteller und Ideenhistoriker Bjarne Riiser Gundersen, an ein anderes historisches Ereignis erinnert: Gundersen sah das antike Rom vor sich, wo im 4. Jahrhundert das originale, das römische Kapitol von Barbaren eingenommen worden war.[17] Dieser Raid sollte eine neue Epoche einleiten, eine Epoche, die von Aberglauben und Hexenprozessen geprägt war und der wir später den Namen Mittelalter gegeben haben.

Die Nachrichtenbilder glichen Historiengemälden. Die grölende Bande, die unter den Kronleuchtern umherwanderte – war das ein Staatsstreich, der da versucht wurde? Die Beteiligten waren nicht mit Gewehren bewaffnet, sondern mit Smartphones, die sie die meiste Zeit in die Höhe hielten, um sich selbst zu filmen.

Juni 2020, Stadt für Stadt, Staat für Staat: Statuen werden von ihren Sockeln gestürzt und rot angemalt. Herrenvolk, Sklaventreiber, Politiker, Könige, nieder mit ihnen! Manche von ihnen werden enthauptet oder in Flüsse geworfen. In Bristol stürzt man die Statue des Sklavenhändlers Edward Colston. Sie bleibt auf dem Straßenpflaster liegen, während sich ein Demonstrant daraufsetzt. Der Demonstrant presst das Knie fest in den Nacken der Statue und drückt nach unten.

Mai 2020, Osloer Amtsgericht: Ein dünner blonder Junge. Er hat seine eigene Schwester getötet, sie war aus China adoptiert. Sein eigentliches Angriffsziel war an diesem Tag eine Moschee gewesen.

Vor Gericht erklärt der Junge, er sei »auserwählt«. Er sei »der dritte Jünger«. Beim Durchforsten seiner Internet-Historie findet man aber nicht etwa zwei weitere Terroristen, sondern eine Kette von mindestens dreizehn Mördern, die miteinander in Verbindung stehen, großteils auf den Internetforen 4chan und 8chan. Das erste Glied in der Kette ist Anders Behring Breivik.

Der blonde Junge ist ein Echo. Einer von uns, auch er.

Januar 2020: Vor dem Osloer Parlament steht ein junges Mädchen mit langem hellem Haar, sie trägt eine dünne Jacke. Nachdem das sechzehnte Mitglied ihres aus norwegischen jungen Frauen bestehenden Netzwerkes Selbstmord begangen hat, beschließt sie schließlich, den Fall zu melden. Daraufhin offenbart sich ein Selbstmordnetzwerk mit an die tausend Mitgliedern, das seit Langem auf Instagram existiert hat, ohne dass irgendein Erwachsener davon gewusst hätte. Monatelang haben die jungen Frauen ihren Todestrieb miteinander geteilt. Sie sind rücksichtsvoll aufgetreten, haben ihre Posts pflichtbewusst professionell gekennzeichnet. *Trigger warning* haben sie geschrieben. Denn obwohl Instagram jede Verantwortung von sich weist, war ihnen selbst bewusst: Achtung, hier besteht Ansteckungsgefahr. Das blonde Mädchen vor dem Parlament sagt es laut: »Wir dürfen jetzt nicht noch mehr verlieren.«[18]

Ich habe darüber nachgedacht, ob die Disruption, in der wir uns befinden und die ihren Ursprung im Silicon Valley hat, nicht eigentlich eine politische Revolution ist. Das Köpferollen und das Erstürmen von Monumenten – unsere Zeit trägt klassisch revolutionäre Kennzeichen. Und wenn ich von meinem winzigen norwegischen Guckloch in die Welt hinausblicke – ein Laptop auf einem Schreibtisch –, habe ich das Gefühl, dass jederzeit der Ragnarök ausbrechen kann. Ist dieses Wüten der Welt primär ein politisches Wüten?

Nein, zwischen Revolution und Disruption besteht ein Unterschied. Ich sehe ihn deutlicher, wenn ich zwischen Engagement und *engagement* unterscheide. Zwei verschiedene Dinge: Engagement möchte ich als ein zutiefst menschliches Gefühl bezeichnen, eine Art erhöhte Energiefrequenz in Kopf und Herz. Im Silicon Valley hingegen benutzt man ununterbrochen das Wort *engagement*, es ist eines der Lieblingsworte im Vokabular der *big techs*. Hier lautet die Definition allerdings folgendermaßen: »*Engagement* misst die Anzahl an Shares, Likes, Klicks und Kommentaren.« Wir alle wissen, dass zwischen einem Datenpunkt und jenem konkreten Gefühl in der Brust ein Unterschied besteht. Hier, in diesem Unterschied, ruht unser freier Wille, unser politisches Wesen.

Denn politisch gesehen verfolgt die Disruption des Silicon Valley keinerlei Ziel. Weiße Nationalisten oder Black Lives Matter, islamische Terroristen oder #MeToo – was kümmert's die Algorithmen. Engagement ist *engagement*. Mehr noch als ein politischer Coup ist dies ein Coup von oben herab. Denn die Plattformen des Silicon Valley leiten Gefühle wie elektrischen Strom. Jeder kleinste Keim scheint Wurzeln zu schlagen und zu einem ganzen Wurzelsystem zu wachsen; zu einer Massenbewegung, einer Kampagne, einem Aufruf. Oder schlimmer: zu einem Shitstorm, einer Hetze, einer Hexenjagd. Im Zusammenspiel zwischen uns und den Algorithmen passiert *etwas*, das für die *Big-tech*-Unternehmen wahnsinnig lukrativ ist, sich für uns aber nicht immer lohnt.

Algorithmen sammeln, verbreiten und spalten Datensätze. Und dasselbe passiert mit uns.

Echo spaltet. Nicht nur in den USA, sondern in den meisten Ländern der Erde ist seit dem Jahr 2000 ein erheblicher Anstieg des Konfliktniveaus zu verzeichnen. Sehr häufig geht es um Ethnie, Klasse und Geschlecht. »*There is a war between the rich and poor / A war between the man and the woman / There is a war between the left and right / A war between the black and white*«, um es mit Leonard Cohen zu sagen. Diese Konflikte gibt es seit Langem, doch nun haben sie einen neuen Rhythmus angenommen. #MeToo war vielleicht die erste deutliche Demonstration des eigentlichen Prinzips der Echo-Technologie: *Wir sind viele und sagen dasselbe … dasselbe … dasselbe*. Und auch neue Konflikte entstehen in einem fort: zwischen »*terfs*« und trans Menschen, Jihadisten und Kontrajihadisten, Incels und Alphamännchen, Veganerinnen und Fleischesserinnen, Stadt und Land, Roten und Blauen und Grünen und Grauen. Und alle führen Krieg gegen weiße Männer über fünfzig.

Es gibt jetzt für jede und jeden einen Krieg.

In der Forschung wird das als »Polarisierung« bezeichnet. Der Begriff wurde 2016 in den öffentlichen Diskurs eingeführt, ist mittlerweile jedoch nur noch eine blasse Beschreibung der politischen Zustände. Heute werden Andersdenkende nicht mehr »Meinungsgegner« genannt, sondern »Hasser« und »Mobber«. Die Algorithmen sind aktive Teilnehmende an jedem einzelnen Stadium der Polarisierung. Sie erschaffen die Echokammer, wo Gleichgesinnte miteinander in Verbindung gesetzt werden. Ein anderer Begriff für Echokammer ist *moral tribe*, moralischer Stamm. Um seinen Stamm zu finden, ist keine geografische Nähe notwendig, man wird zusammengetrieben: *your vibe attracts your tribe*. Und seinen Stamm zu finden, ist keine unbedeutende Sache. Es kann uns das Gefühl geben, in einer Familie anzukommen; eine Schwester im Geiste zu finden, einen *brother from another mother*. Dementsprechend sind die Plattformen auf hohe Temperaturen ausgelegt, es handelt sich um Identitätstechnologien.

Eine für das Fortschreiten der Polarisierung ebenso treibende Kraft wie die Echokammer ist eine andere Online-Konstellation, genannt »Flammenkrieg« (*flame war*)[19]. Hier finden keine Meinungsgenossen, sondern Meinungsgegner zueinander. Wenn in sozialen Medien solche Flammenkriege entstehen, sorgen die Algorithmen am Tatort für Zuseherinnen und *engagement*. Einige wenige Forscher behaupten, Diskussionen in sozialen Medien trügen zu einer nuancierteren Meinungsbildung bei. Der Großteil der Forschungsergebnisse deutet aber auf das Gegenteil hin: dass Menschen dort im Glauben bestärkt werden, sie selbst seien im Recht und ihr Gegenüber sei ein Idiot.[20]

Echo sammelt. Unsere Zeit ist eine neue Ära der Massenbewegungen, im Positiven wie im Negativen. Nie zuvor in der Geschichte hat es mehr Demonstrationen gegeben als jetzt. Auf der ganzen Welt strömen wütende Volksmengen über Straßen und Plätze. Die Zahlen sprechen ihre eigene Sprache: Laut Forschern der Harvard-Universität hat sich die Anzahl Protestbewegungen zwischen 2010 und 2020 verdoppelt.[21] In einem Land nach dem anderen, von China bis Libanon, Algerien bis Indien, Chile bis England, haben sich Proteste gegen die jeweilige Regierung formiert. Man begegnet ihnen mit Gummiknüppeln, Tränengas und Wasserwerfern.

Die größte globale Massenkundgebung der

Geschichte, organisiert von Black Lives Matter, fand paradoxerweise während einer Pandemie statt. Die Straßen waren blau von Gesichtsmasken. Oft kann ich die unterschiedlichen Protestbewegungen auf den Nachrichtenbildern an ihren »Uniformen« erkennen. Die Mitglieder einer Bewegung tragen leuchtend gelbe Westen, sie bauen Barrikaden an Straßenkreuzungen und Kreisverkehren. Eine andere Gruppe demonstriert in bestickten Gewändern, eine Frauen-Guerilla gegen die Verlegung eines Krankenhauses. Die Antifa zieht in schwarzer Kleidung und Sturmhauben umher. Die Neonazis sind kahlrasiert und tragen grüne Hemden. Die Boogaloos in den USA tragen Hawaiihemden und Gewehre. Eine Versammlung besteht aus Kindern mit selbst gemalten Plakaten: *Wir haben keinen Planeten B.*

Die Menschenmassen sind nicht gleich, auch wenn es aus der Ferne danach aussehen kann.

Echo verbreitet. Echo verbreitet Verfälschungen und Verdrehungen, Lügen und Gerüchte. Sobald die Botschaft der Medien mit jener der Behörden übereinstimmt, führt jedes größere Ereignis automatisch zu einer Flut von Verschwörungstheorien. Immer mehr Menschen glauben an Verschwörungen. Ein Schattenstaat, ein innerer Feind, eine Schlange, die wir an unserer Brust genährt haben. Der Feind hat viele Gesichter und zeigt sich als Globalist, Satanist, Pädophiler, Kulturmarxist, Jude oder Freund des Islam. Er operiert im Verborgenen mithilfe von Institutionen wie den Illuminaten, Freimaurerlogen, dem Staat, der Arbeiterpartei, der Gesundheitsbehörde oder dem Jugendamt.

Als Hauptursache für eine Radikalisierung der Menschen bis ins Paranoide konnten Forscher einen bestimmten Typus von Algorithmen identifizieren. *Empfehlungsmotoren* werden sie genannt, und sie arbeiten folgendermaßen: »Hat Ihnen das Video gefallen, in dem es darum ging, dass Covid-19 von Juden verursacht wurde? Dann werden Sie vermutlich auch dieses mögen, in dem Trump die Welt vor einer Gruppe pädophiler Satanisten rettet.« Alle sozialen Medien sind Superspreader von Verschwörungstheorien, aber YouTube nimmt diesbezüglich eine Sonderstellung ein: »Die größte Radikalisierungsmaschinerie des 21. Jahrhunderts«, hat ein Forscher die Plattform genannt.[22]

Ich erinnere mich an die ersten unwirklichen Wochen der Corona-Pandemie. Während sich das Virus über die ganze Welt verbreitete, breitete sich, wie in einer parallelen Realität, die Panik im Internet aus. »Wir sehen eine Infodemie, die ebenso gefährlich ist wie die Pandemie«, äußerte sich der Leiter der WHO.[23]

Die populärste Verschwörungstheorie in Bezug auf Covid-19 besagt, das Coronavirus werde vom Silicon Valley aus über die Strahlung des neuen 5G-Netzes verbreitet. Eine Ohnmachtsfantasie, die uns von unserer tief sitzenden Angst vor Technologie erzählt. Ansteckungstechnologie, genauer gesagt.

Algorithmen empfinden keine Wut, wenn ein weiterer schwarzer Mitbürger von der Polizei ermordet wird. Algorithmen haben keine Angst davor, ihren Job zu verlieren, sie denken nicht an die Zukunft der Kinder. Sie erleben nicht mit, dass die Welt die Form einer Verschwörung annimmt. Sie werden nicht von Selbstmordgedanken geplagt. Sie fühlen nicht die Verachtung im Blick des Nachbarn. Sie fürchten sich nicht davor, eines Tages aufzuwachen und *niemand zu sein*.

Vereinen, spalten, verbreiten. Algorithmen fühlen gar nichts, sie sind lediglich Erweiterungen unser selbst. Und in diesem Sinne sind sie gefährlich.

Ein Gespenst geistert durch die Welt, es ist Echos Gespenst. Die Disruption scheint bestimmte Kräfte aus uns Menschen hervorzulocken, die sich zwar vermutlich in Zeiten von Umwälzungen immer schon gezeigt haben, nun aber eine zeittypische – technologietypische – Form annehmen. Wie ist es dem Silicon Valley gelungen, bis unter unsere Haut vorzudringen?

Selbst habe ich oft das Gefühl, mich angesteckt zu haben. Dann hasse ich den Hass und habe Angst vor der Angst. Vielleicht ist gerade das die eigentliche Wirkung der Algorithmen: Man radikalisiert sich immer nur entsprechend seiner eigenen Sinnesverfassung. Weil ich eine

Zweiflerin bin, werde ich als solche radikalisiert: als besonders zweifelnde Zweiflerin. Noch mehr Zeit vor dem Bildschirm, und ich zweifle mich um den Verstand.

Ein Franzose im Silicon Valley

Die Stanford University im Silicon Valley besteht aus niedrigen, soliden Gebäuden aus gelbem Sandstein. So sieht wissenschaftliches Selbstbewusstsein aus: Keine andere Universität hat mehr Milliardäre hervorgebracht als Stanford. Gründer und CEOs sämtlicher Unternehmen von Google über YouTube, Snapchat und LinkedIn bis hin zu Netflix und Yahoo haben hier studiert.

Mein Ziel ist das Institut für Philosophie.

Denn die Geschichte wollte es so, dass es hier im Tal einen zentralen Denker gab, der sich ausgerechnet mit Echo beschäftigte. Dieser Professor entwickelte eine *grand theory* mit Imitation als Ausgangspunkt, dennoch erwähnte er die Nymphe mit keinem Wort. Er war Franzose und Katholik. Im Laufe der beinahe vierzig Jahre, die er hier lebte, konnte er beobachten, wie sich der Charakter des Tales veränderte und das Silicon Valley schließlich zum Zentrum für die populärsten Kapitalisten der Welt wurde. 2015 ist er hier, in seinem Zuhause, gestorben.

Auf den Korridoren der Universität hatten unter den Erstsemestern die wildesten Gerüchte über ihn kursiert. Dieser Professor sei in der Lage, alles, was man jemals gedacht oder geglaubt habe, auf den Kopf zu stellen. Er kombiniere Geschichte, Anthropologie, Philosophie und Religion zu einer allumfassenden These über die menschliche Geschichte. Der letzte große Denker, wurde gemunkelt. Der Professor hieß René Girard.

Ein holzverkleidetes Auditorium. Die Sonne scheint durch eine Reihe von Fenstern herein, die direkt unter der Decke platziert sind, und wirft Licht auf das Rednerpult. Ich stelle mir vor, dass Girard hier gestanden hat, mit seinen grauen, wild abstehenden Haaren, vor Hunderten Studierenden, die ihm zuhörten. Sein Kleidungsstil war nie amerikanisch oder *casual*. Er behielt das Jackett an und trug selbst bei Hitze eine Krawatte. Er hatte schwarze Augen, kräftige Augenbrauen und einen starken französischen Akzent.

»Hören Sie mal«, stellte ich mir vor, dass er in diesem Raum sagte: »Sie glauben vielleicht, Ihr Begehren komme aus der Tiefe Ihres Selbst. Sie glauben, es sei ein Ausdruck *Ihrer selbst*. Aber so ist es nicht. Wir Menschen lernen von anderen Menschen, was wir begehren *sollen*.«

Vielleicht waren es Sätze dieser Art, mit denen René Girard seine Studierenden in die Welt des mimetischen Begehrens einführte.[24] Ob Bewunderung oder Lernen, Konflikt oder Gewalt – alles hatte seinen Ursprung in ein und derselben Quelle. Er nannte sie *Mimesis*.

Die mimetische Theorie besteht aus vier Hauptpfeilern: dem *mimetischen Begehren*, der *mimetischen Rivalität*, der *mimetischen Krise* und dem *Sündenbockmechanismus*. Girards gesamte Theorie basierte auf der Analyse von Texten. Uralten Texten: mittelalterlichen Schriften, griechischen Tragödien, biblischen Erzählungen und anthropologischen Aufzeichnungen. Aus all diesen Quellen filterte er ein gemeinsames Muster heraus: *Things Hidden Since the Foundation of the World*. So lautete der Titel eines seiner Bücher. Durch sämtliche historischen Schichten hinweg stellte Girard den Menschen als imitierendes Wesen dar, das seine Natur jedoch um jeden Preis zu verstecken sucht. Girard zufolge ist in uns die Überzeugung verankert, dass andere besitzen, was uns selbst fehlt. Also imitieren wir einander. Wir imitieren einander so grundlegend, dass es uns selbst nicht bewusst ist.

Irgendwo, irgendwann: eine Kinderschar. Ein Kind steht auf und geht auf ein Spielzeug zu. Das Kind daneben beobachtet die Bewegung aus dem Augenwinkel, ist blitzschnell auf den Beinen, läuft Hals über Kopf drauflos, um vor dem anderen Kind anzukommen – geschafft! – und hält das Spielzeug triumphierend in die Höhe. Was für ein Spielzeug es war? Das Kind hat kaum eine Ahnung, es spielt keine Rolle.

Dieser tief in uns verwurzelte Reflex, dieses Trachten nach dem, was andere besitzen: Das ist der Kern der Mimesis. Das mimetische Begehren ist kein Grundbedürfnis. Auch kein Instinkt. Vielmehr ist es ein innerer Drang, der entsteht, nachdem die elementaren Bedürfnisse erfüllt sind, ein Drang, der anfangs ziellos ist, aber automatisch von dem angezogen wird, was die soziale Umgebung als begehrenswert betrachtet. Wohin soll ich schauen? Wen soll ich betrachten? Was und wer ist wichtig? Diesen mimetischen Reflex, so meinte Girard, gibt es auch in Erwachsenen, allerdings verschleiern wir ihn durch Anpassungsfähigkeit, Scham und Verdrängung.

In seiner Jugend war Girard von der Philosophie Jean-Paul Sartres und deren Unterscheidung zwischen zwei Kategorien der Existenz inspiriert. Sartre bezeichnete die Dinge ohne Bewusstsein ihrer selbst als das »An-sich-Seiende« (*en-soi*). Der Mensch hingegen ist sich laut Sartre seiner selbst bewusst, er ist das »Für-sich-Seiende« (*pour-soi*). Diese letztere Form des Daseins ist in Wahrheit eine eher durchwachsene Erfahrung, wie Sartre betonte; Selbstbewusstsein bringt große Freiheit mit sich, aber auch eine solide Dosis existenzieller Angst. Daher sehnen sich die Menschen nach etwas Einfacherem. Wie schön, wie einfach wäre es doch, einfach nur »zu sein«? Wir streben danach, die beiden Daseinsformen zu einem »An und für sich« zu verschmelzen. Diesen Wunsch hielt Sartre für grundsätzlich religiös: »Der Mensch selbst ist im Grunde das Verlangen,

Gott zu sein«, stellte er in seinem Werk *Das Sein und das Nichts* fest.[25]

Girard pflichtete Sartre bei, der im »Seinsmangel« des Menschen den Ursprung religiösen Verlangens sah, fügte dieser Theorie jedoch seinen eigenen sozialen Twist hinzu. Aufgrund ihres eigenen Seinsmangels würden die Menschen *einander* vergöttlichen, lautete seine Behauptung.

Wir schreiben anderen ein ganzheitliches Selbst zu, eine Essenz, die uns selbst fehlt, die andere aber scheinbar besitzen. Die idealisierten anderen können Prominente sein oder ganz einfach Menschen in unserem eigenen Umkreis, die eine Aura, eine Seinsfülle, zu besitzen scheinen, von der wir uns angezogen fühlen. Girard nannte diese anderen »Modelle«. In unserer eigenen Erfahrung des Seinsmangels halten wir das Modell für etwas Besonderes, etwas Selbstständigeres und Autarkeres als uns selbst. Daher versuchen wir durch Nachahmung, uns auf die Wellenlänge des anderen einzustellen. Das Modell besitzt eine göttliche Autonomie und braucht uns nicht, oder zumindest fühlt es sich so an.

Ich stelle mir Girard dort am Rednerpult vor. Er zerpflückte förmlich die gesamte westliche Philosophietradition, die einen derart radikalen Individualismus hervorgebracht hatte. Das autonome Individuum erklärte er zum Mythos, zur romantischen Lüge. Nietzsches Aussage »Gott ist tot« bezeichnete er als falsch. Menschen würden immer das Bedürfnis haben, etwas anzubeten. Die Abschaffung der Religion habe nur zu einer Verschiebung der Gottesanbetung geführt: Gott ist »tot«, also beten wir stattdessen unsere Nachbarn an.

Denn in Wirklichkeit sei der Mensch nicht autonom. Girard bezeichnete uns als Spezies mit einer bemerkenswerten Offenheit für unsere Artgenossen. Durch unbewusste Imitation unserer Umgebung erschafften wir sowohl Identität als auch Kultur. Menschen sollten nicht Individuen genannt werden, sondern *Interdividuen*, sagte er.

Mimesis erklärt, warum wir letztendlich immer um dieselben Dinge kreisen und konkurrieren: Status, Märkte, Aussehen. Warum man, nachdem man im Laden ein Paar Schuhe ausprobiert und abgelehnt hat, dennoch einen Stich des Bedauerns verspürt, wenn gleich nach uns eine coole Person in den Laden kommt, die Schuhe aufhebt und ausruft: »Was für perfekte Schuhe!«

Mimesis erklärt alle möglichen kulturellen »Ansteckungsphänomene«. Wie Modetrends tatsächlich in der Lage sind, unseren Blick darauf zu verändern, was schön oder hässlich ist. Wie der Zeitgeist sich ändern kann wie das Wetter bei einem Wetterumschwung.

Ich muss an eine Szene aus Dag Solstads Roman *Professor Andersens Nacht* denken: Der Professor sitzt mit sechs Freunden zusammen, es wird gegessen und Wein getrunken. Die Freunde fühlen sich spontan, frei und individuell. Sie übertreffen einander geradezu in ihrer Einzigartigkeit. »Das ist so *typisch für dich*«, lacht der eine dem anderen zu. Aber Professor Andersen lacht an diesem Abend nicht, er fühlt sich unwohl und außen vor, und in diesem Gefühl betrachtet er die ganze Szene wie auf einem Foto. Wenn jemand in dreißig, fünfunddreißig Jahren ein Foto von dieser Gesellschaft sähe, denkt er, dann würde man keineswegs das Charakteristische an jedem Einzelnen sehen, sondern den Zeitgeist als Charakteristikum: »So tritt der Zeitgeist auf, dem verborgen, der sein Gefangener ist, aber in offensichtlicher Präsenz für denjenigen, der uns auf Fotos aus einer anderen Zeit betrachtet, befreit, von außen.«[26]

Was Solstad hier beschreibt, ist Mimesis.

Mimesis erklärt, warum Menschen um Statusjobs konkurrieren, die sie eigentlich nicht glücklich machen. Warum bei Bieterkriegen an der Börse die Papierwerte von Unternehmen, ohne dass sie auch nur das Geringste geleistet hätten, in schwindelerregende Höhen schnellen können. Sie erklärt beispielsweise die Entstehung von Kryptowährungen wie Bitcoin – Währungen, die keine sind. Mimesis erklärt das Wort Kredit, das vom lateinischen »glauben« (*credere*) kommt. Denn der Mensch ist durchaus in der Lage, an Dinge zu glauben, die in Wahrheit nicht existieren. Vorausgesetzt, dass andere zuerst daran glauben.

Wir können den Kurs wechseln wie ein Vogelschwarm am Himmel.

Imitation fungiert also als eine Art sozialer Kitt. Durch Imitation schaffen wir Bindungen und Kultur. Das bedeutet jedoch nicht, dass Mimesis eine rein unschuldige Kraft ist. Denn Mimesis wird immer ein Paradoxon beinhalten, meinte Girard. Der Mechanismus funktioniert so: Wenn ich »an deiner Stelle sein« möchte, bist du zwar zunächst mein »Modell«, dem ich nacheifere, aber in der nächsten Runde bist du bereits mein Hindernis. Das ist logisch, denn deine Aura und deinen Status kann ich nicht erreichen, solange du ihn hast.

Mein Idol ist zu einem Rivalen geworden. Einem mimetischen Rivalen.

Somit erwachen wir beide eines Tages zu einer komplexeren sozialen Realität.

Wenn Menschen vom Modell zum Rivalen werden, erhält das Objekt, um das konkurriert wird, oft plötzlich einen immensen Wert. Ihre starke Überzeugung von diesem Wert beziehen die Rivalen jeweils voneinander. Je mehr sie auf den anderen starren, desto höher steigt der Wert des Objekts: Nachdem du (mit deiner Seinsfülle) deinen Blick auf dieses ausgewählte Stück Land/diese Freundschaft/diese Schuhmarke geheftet hast, muss es sich um etwas ganz Besonderes und Attraktives handeln. Je stärker die Rivalität wächst, desto stärker wird auch das Gefühl, das eigene Verlangen sei etwas völlig Authentisches, ein Ausdruck des eigenen Inneren.

Mimetische Rivalität erklärt das scheinbar paradoxe Phänomen, das sich bei zwei Parteien in einem Konflikt häufig einstellt: dass sie einander immer ähnlicher werden. In der Hitze des Kampfes sehen sie sich selbst als diametrale Gegensätze an. Von außen betrachtet wird jedoch etwas ganz anderes deutlich, ein seltsamer Tanz: wie Feinde einander allmählich in Sprache, Haltung und Handlung imitieren. Girard bezeichnete solche Paare als mimetische »Doubles«. Als Ergebnis des gemeinsamen Begehrens sind sie zu Spiegelbildern geworden.

Mimetische Rivalen können voneinander regelrecht besessen werden. Manchmal kämpfen Menschen ein ganzes Leben lang um Belanglosigkeiten, erklärte Girard, und am Ende haben sie fast vergessen, worum sie eigentlich gekämpft haben. Denn die stärksten Konflikte drehen sich selten um materielle Objekte wie teure Autos oder Häuser. Sie handeln von der Seinsfülle; von Status, Ehre und Position. Am liebsten möchte man Bewunderung, gerne auch Neid, in den Augen des Gegners sehen. Erst dann hat man einen Beweis für echte soziale Anerkennung.

Die Literatur ist voll von solchen »Doubles«, die einander in Hassliebe verbunden sind. Shakespeare ließ die Familien Montague und Capulet aufeinander los: »Zwei Häuser, gleich an Würde und Gebot«, und verurteilte somit eine junge Liebe zum Tode. Als Kain erkannte, dass sein Bruder der Liebling Gottes war, ermordete er ihn. Wir bekriegen uns aufgrund unserer Gleichheit, nicht aufgrund unserer Unterschiedlichkeit. Auch in der Politik kommen diese Mechanismen zum Vorschein. Am besten sehen wir das heute vielleicht an den extremen Flügeln des politischen Spektrums. Ich erinnere mich an Schlägereien zwischen Punks und Neonazis in den 1990er-Jahren, ich konnte sie nicht auseinanderhalten mit ihren Lederjacken und kahl rasierten Köpfen. Die Parallelen zwischen IS-Kämpfern und Rechtsextremisten sind ein gängiges Thema für die Geheimdienste in den meisten Ländern: Ihrer erklärten Verfeindung zum Trotz finden beide Gruppierungen für ihre Verachtung des modernen Westens verblüffend ähnliche Formulierungen.[27] Sogar in der globalen Sicherheitspolitik, in Begriffen wie »Terrorbalance« und »geteilte Sicherheit«, wird mimetische Rivalisierung auf banalste Weise sichtbar. Das globale Wettrüsten, ja die Logik von Aufrüstung per se ist von Grund auf mimetisch.

Ausgehend von seiner Spiegeltheorie entwickelte Girard ein neues mimetisches Konzept. Streitigkeiten um Ehre und Definitionsmacht besitzen ein enormes Potenzial, sich zu verbreiten und somit einen »mimetischen Schneeballeffekt« zu erzeugen. So werden ganze Bevölkerungsgruppen zu Rivalen. Hier wurde Girards mimetische Theorie zu einer Theorie des gesellschaftlichen

Konflikts. Er prägte den Begriff der *mimetischen Krise*.

Die mimetische Krise ist ein dunkler Ort. Viele Gesellschaften sind dort gewesen, und keine möchte dorthin zurück. Wenn die Krise auftritt, befindet sich die Gesellschaft am Rand des Zusammenbruchs, in einem Zustand von Chaos und Gewalt. Oft wird die Krise durch eine externe Bedrohung ausgelöst, etwa eine Naturkatastrophe oder eine militärische Invasion. Besonders häufig ist im Laufe der Geschichte eine Krankheit der Auslöser gewesen: die Pest. Die Bedrohung verursacht eine interne gesellschaftliche Krise, aufgrund deren die kulturelle Ordnung zusammenbricht. Die Gesellschaft wird auf Thomas Hobbes' brutalen Naturzustand zurückgeworfen; ein Kampf von jeder gegen jeden.

Was Girard erklären wollte, ist nicht die Logik eines Konflikts wie des Kalten Krieges, sondern vielmehr die Logik des Brudermords und des Bürgerkriegs. Im Laufe der Geschichte haben Zeitzeuginnen und Zeitzeugen versucht, den Schrecken, der sich um sie herum abspielte, in Worte zu fassen. Girard studierte diese Aufzeichnungen. Ihm zufolge werden Krisen als die Auslöschung von Unterscheidungen erlebt; im Chaos herrscht eine schreckliche Monotonie.[28] Sinnstiftende Rollen- und Arbeitsteilung bricht zusammen, und das Individuum wird in eine Art

Massendelirium hineingezogen. Eine nihilistische, terrorähnliche Gleichheit entsteht.

Wo kann das enden? Es liegt auf der Hand, dass eine Gesellschaft sich nicht auf Dauer selbst bekriegen kann. Das würde zur Vernichtung ihrer selbst führen. In mimetischen Krisen geschieht jedoch oft etwas anderes, erklärte Girard. Ein Ausweg zeichnet sich ab.

Eine neue Konstellation entsteht: Nun geht es von »alle gegen alle« zu »alle gegen einen«.

Und das erscheint in diesem Moment nicht einmal als ungerecht. Es erscheint als natürlich, unvermeidlich und wahr.

Die Lösung und Erlösung ist ein Sündenbock.

Eine Ziegenherde im Sonnenschein, ein Bock wird ausgewählt. Er sieht scheinbar normal aus, hat Hufe und ein struppiges Fell, er blökt und kaut vor sich hin. Was ihn von den anderen Böcken der Herde unterscheidet, ist lediglich die Tatsache, dass genau dieser Bock ein Sündenbock ist. Die Menschen im Dorf haben ihn auserkoren, nun wird er gewaschen und geschmückt, bevor er vor einen »Priester« geführt wird, der eine Reihe ganz bestimmter Verse vorträgt. Die Verse besagen, dass alle Sünden, die von den Menschen begangen worden sind, nun auf dem Rücken des Bocks lasten.

Dann wird er geschlachtet.

Genau wie das Wort »Hexenjagd« aus der tatsächlichen Verfolgung von »Hexen« im 17. Jahrhundert stammt, war der Sündenbock einst ein realer Bock. Das Opferritual wird in der Bibel beschrieben und in Mythen, die man in Griechenland und Syrien findet. Heutzutage können wir solche Rituale natürlich als primitiv bezeichnen. Aber zu ihrer Zeit stellten sie einen bedeutenden Fortschritt dar. Denn vor dem Bock war dieses Blutopfer ein Menschenopfer gewesen.

Von seinem Pult in Stanford im Silicon Valley führte Professor Girard seinen Studierenden ein historisches Muster vor Augen: Die Gesellschaft wird von inneren Konflikten geplagt, und was passiert als Nächstes? Rivalen vereinen sich für eine gemeinsame Idee: dass von einer kleinen Gruppe von Menschen – manchmal nur einer einzigen Person – für alle anderen eine Gefahr ausgeht. Durch die Tötung des Opfers kann die Harmonie wiederhergestellt werden – zumindest für eine Weile. Girard taufte dieses Phänomen *Sündenbockmechanismus,* und von einer gesellschaftlichen Perspektive aus betrachtet war diese Analyse seine wichtigste Errungenschaft.

Seit Urzeiten bieten also Sündenböcke eine Lösung für Gesellschaften in einer mimetischen Krise. Mit seinen Studierenden las und interpretierte Girard Texte, die er als »Verfolgungstexte« bezeichnete, etwa Schilderungen von Massenmorden an Juden im 15. Jahrhundert oder Hexenprozessen im 17. Jahrhundert. Lesen wir derartige Quellen heute, erkennen wir sofort, dass es sich bei Juden und »Hexen« um Sündenböcke handelt. Aber die Autoren von damals waren überzeugt: Die Juden *hatten* das Wasser vergiftet, daher war die Pest gekommen. Die Hexen *hatten* Unglück über die Gesellschaft gebracht, also mussten sie hingerichtet werden. Die Geschichten waren aus einer befangenen, »blinden« Perspektive geschrieben worden: der Perspektive der Verfolger.

Dann verteilte Girard noch ältere Mythen an die Studierenden und fragte: Warum hatten so viele der archaischen Götter und Göttinnen körperliche Gebrechen; warum waren sie bucklig, einäugig oder hinkten? Warum handelten die ältesten Geschichten der Welt so oft von einer Königsfigur, die von ihren Zeitgenossen getötet wird? Weil heiligen Figuren, wie auch Helden und Königen, ein düsteres Schicksal bestimmt war, sagte er. Sie wurden in ihrer Zeit hingerichtet, weil sie aus der Gesellschaft hervorstachen.

Alte Mythen dienten also unter anderem dazu, den Sündenbockmechanismus zu kaschieren, meinte Girard. Es handele sich um unbewusste »Lügen«, die das Opfern von Artgenossen verschleiern sollten. Doch beim Erzählen dessen, was geschehen war, ging im Laufe der Zeit mit der Opfergeschichte eine Wandlung vor: Der blutige Akt erhielt gewissermaßen einen himmlischen Charakter. Die reinigende Funktion des Sündenbocks wurde auch im kollektiven Gedächtnis gespeichert. Denn gewiss, das Opfer versprach

Frieden zwischen den Völkern, eine neue Zeit! Die Sündenböcke wurden als *Begründer* in die Geschichte eingeschrieben.

Ohne Sündenböcke wären Zivilisationen gar nicht erst entstanden, meinte Girard. Die ersten menschlichen Gemeinschaften hatten sich im Zuge kollektiver Gewalttaten gegen relativ zufällig gewählte Opfer gebildet. Der Mechanismus machte es möglich, die Gewalt in Schach zu halten. In der griechischen Sprache besteht immer noch diese innere Verbindung zwischen dem Sündenbock und der Heilung. Das Wort *pharmakos* bedeutet »rituelles Opfer« und ist verwandt mit *pharmakon,* das sowohl »Gift« als auch »Medizin« bedeutet.

Die Religionen machten sich gewaltsame Mimesis ebenso zunutze, wie sie sie verschleierten. So konnten die Menschen mit ihrer brutalen Natur leben: indem sie grausame Taten zu heiligen Handlungen erhöhten.

Girard stand dem institutionalisierten Christentum kritisch gegenüber. Die biblischen Texte hingegen betrachtete er als bahnbrechend, weil er in ihnen den Sündenbockmechanismus entlarvt sah. Was Jesus eigentlich verkörperte, meinte er, sei eine historische Auseinandersetzung mit mimetischen Spiralen; Auge um Auge, Zahn um Zahn. Du sollst nicht begehren deines Nächsten Gut. Du sollst die andere Wange hinhalten. Solche Aussagen sind einmal radikal neu gewesen.

Indem in ihnen erstmals die Perspektive des Opfers eingenommen wurde, ebneten die biblischen Texte den Weg für den Humanismus und die modernen Rechtsinstitutionen, so Girard. Dennoch warnte er davor, zu glauben, das Rechtssystem habe das Problem des Sündenbocks gelöst. Nein, es sei auch in modernen Gesellschaften voll aktiv. Sobald irgendwo das Blut zu kochen beginnt, schleicht sich unbemerkt der Drang in die Gesellschaft ein, einen Schuldigen zu finden. Dieser Drang ist es, der Gesellschaften in letzter Instanz zu Grausamkeiten wie ethnischen Säuberungen und Völkermord treibt.

Wer sind die Sündenböcke unter uns? Girards Quellen zeigen, dass Sündenböcke in der Geschichte häufig typische Merkmale aufwiesen. Oft waren sie Angehörige einer Minderheit, ethnisch oder religiös, oder fielen durch eine körperliche Behinderung auf. Girards These zufolge waren Frauen historisch gesehen dem Sündenbockmechanismus stärker ausgesetzt als Männer. Denn warum sonst gab es in archaischen Religionen mehr weibliche als männliche Gottheiten? Eine romantische, und geläufige, Interpretation dieses Umstands ist, dass alte Gesellschaften matriarchalisch organisiert und daher friedlicher und egalitärer gewesen seien. Girard glaubte nicht daran. Die große Anzahl von Göttinnen bedeute einfach, dass Frauen leichter Opfer von Gerüchten und Anschuldigungen wurden, behauptete er, ein Prozess, der oftmals im Tod endete.

Und dann gab es noch die Privilegierten: Könige, Königinnen, Idole und Führer. Auch die Mächtigen wurden marginalisiert. Girard konnte eine ganze Reihe historischer Könige und Führer aufzählen, die in einem zeitgenössischen Konflikt als Sündenböcke geopfert worden waren: König Ödipus, Sokrates, Romulus, Cäsar, Jesus. Im einen Augenblick beliebte Idole, konnten sie im nächsten ans Kreuz geschlagen werden.

Ein Sündenbock stand also oft am Rand des kulturellen Systems. Die Person konnte beliebt oder unbeliebt sein, hatte jedoch »etwas an sich«, worauf die Bevölkerung ihre Spannungen richten konnte. Girards unbequeme, humanistische Pointe war, dass sich im Prinzip jede und jeder von uns eines Tages in einer Situation wiederfinden könne, in der mit dem Zeigefinger auf sie oder ihn gezeigt werde. In seinen Augen war der Sündenbock per definitionem unschuldig. Der Sündenbock war ein Symptom des Problems einer gesamten Kultur. Ein einzelner Mensch könne nicht für eine gesellschaftliche Krise verantwortlich gemacht werden.

Sündenböcke konnten also aus allen möglichen sozialen Schichten stammen. Sowohl Könige als auch Narren waren geeignet, behauptete der Professor.

Girards Vorlesung war vorbei, das Auditorium leerte sich. Was hatte er seinen Studierenden da präsentiert? Ein provokantes Porträt der menschlichen Natur. Eine kontraintuitive Behauptung, die sich unserer Vorstellung vom Menschen als eigenständigem und rationalem Individuum entgegenstellt. Eine Wahrheit, die, so wir sie akzeptieren, beschämend ist. Denn wer möchte zugeben, vom Blick der anderen gesteuert zu werden? Keiner ist gern »niemand«, alle wollen »jemand« sein.

Girard beschrieb den Menschen als Nachahmer, Follower und Verfolger. Er ermöglichte einen originellen Blickwinkel auf die Narziss-Anbetung des Menschen, den Göttererersatz der säkularen Gesellschaft. Er erklärte gesellschaftliche Ansteckungseffekte: Wie sich Gerüchte verbreiten, Lynchstimmung aufkommt und Sündenböcke gefunden werden. Aspekte der Gesellschaft, von denen man meinen möchte, dass wir modernen Menschen sie längst hinter uns gelassen hätten, die jedoch im digitalen Leben mit voller Wucht wirksam sind.

Warum? Weil die Technologie die mimetische Natur des Menschen verstärkt? Oder schlicht und einfach: Weil die Technologie selbst mimetisch ist?

Hier müssen wir ein wenig in der Zeit zurückgehen, in die jüngeren Jahre des Silicon Valley.

Noch ein Mysterium. Denn wer saß dort im Hörsaal in Stanford unter den Studierenden und lauschte Professor Girard? Peter Thiel.

Er war vierundzwanzig Jahre alt. Die logische Wahl für ihn wäre ein Studium in Naturwissenschaften gewesen, denn er war Schachmeister und eher mathematisch begabt. Aber er hatte Philosophie gewählt. Und während er hier saß und Girard zuhörte, merkte er, wie die Welt eine andere wurde.

Thiel hat selbst darüber gesprochen, welche Bedeutung Girard für ihn gehabt hat. Anfangs soll er skeptisch gewesen sein. Es war ihm verrückt erschienen, eine Welt durch Nachahmung erklären zu wollen. Aber dann, nach und nach, verinnerlichte er diesen Gedanken. Er blickte sich auf dem Campus um: all diese gleichaltrigen Menschen um ihn herum, die sich für so besonders hielten, in Wirklichkeit jedoch nichts als Kopisten waren, in all ihrer politischen Korrektheit. Alle waren Demokraten, und alle sprachen gerne über die Rechte von Homosexuellen. Selbst war er Republikaner und homosexuell, aber er verachtete Identitätspolitik. In einer konservativen Universitätszeitschrift, die er selbst auf dem Campus gegründet hatte, *The Stanford Review*, distanzierte er sich lautstark von gehirngewaschenen Feministinnen und Multikulturalisten. Allmählich fand er sich selbst.

In diesen prägenden Jahren las, dachte und atmete Thiel mimetische Theorie. Sie scheint ihm die Möglichkeit geboten zu haben, seine politische und berufliche Unabhängigkeit zu untermauern. Zwischen ihm und Girard entstand eine Freundschaft, und Thiel wurde zu dem, was in akademischen Kreisen als Girardianer bezeichnet wird. Im Jahr 2007 gründete er gemeinsam mit Girard den Thinktank Imitatio. Imitatio ist auch heute noch eine aktive und gut funktionierende Denkfabrik, die sich zum Ziel gesetzt hat, die mimetische Theorie zu fördern, und die von Thiel finanziert wird.

Im Laufe der Jahre hat er Vorträge gehalten sowie Analysen und Bücher verfasst, in denen starke Einflüsse mimetischer Theorie erkennbar sind, wobei das Buch *Zero to One* von 2014 das wichtigste ist. Hier tauchen Girards Argumente wieder auf, diesmal jedoch als Business-Philosophie.

In Thiels Interpretation nahm die mimetische Theorie eine neue Form an. Er kombinierte Girards Gedanken mit seinen eigenen Idealen eines effizienten Kapitalismus. In Thiels Auslegung war Mimesis zum Hindernis für wirtschaftliches Wachstum geworden. Unternehmer würden einander, ihren Konkurrenten, derart viel Aufmerksamkeit schenken, dass dabei jegliche Innovation zum Erliegen komme, meinte er. Die Bildungsinstitutionen im Silicon Valley produzierten seiner

Meinung nach nichts als Konformisten. Er begann, Studierende zu finanzieren, die die Schule abbrachen, um ihre eigenen Start-ups zu gründen.

Sein politisches Programm erhielt schärfere Kanten. Den Kapitalismus mit seinem freien Wettbewerb, wie er im Westen praktiziert werde, bezeichnete er als dysfunktional. Das Silicon Valley müsse mit einer härteren Form des Kapitalismus vorangehen. Er selbst propagierte einen unregulierten, *Hardcore*-Monopol-Kapitalismus.

Ein Kapitalismus, der von mimetischer Rivalität befreit ist.

Im Jahr 2009 verfasste Thiel ein Manifest mit dem Titel »The Education of a Libertarian«. Der Text liest sich wie ein Bekenntnis. Wie üblich erntet der Tod einiges an Kritik – damit wird der wohl oder übel zurechtkommen müssen. Doch hier verabschiedet sich Thiel auch von der Demokratie als Regierungsform:

> Ich verwehre mich gegen Steuern, totalitäre Kollektive und die Ideologie der Unvermeidlichkeit des Todes jedes Einzelnen. Aus all diesen Gründen bezeichne ich mich immer noch als *libertär*. Aber ich muss gestehen, dass sich in den letzten beiden Jahrzehnten meine Auffassung in Bezug auf die Frage, wie diese Ziele erreicht werden können, radikal geändert hat. Vor allem insofern, als ich nicht länger glaube, Freiheit und Demokratie seien miteinander vereinbar.[29]

Thiel verwirft in jenem Frühjahr nicht nur die Demokratie, sondern die Politik im Allgemeinen: »In unserer Zeit besteht die große Aufgabe der Libertären darin, einen Ausweg aus der Politik in all ihren Formen zu finden.« Er beschreibt einen »Verfall der Welt« seit den 1920er-Jahren, der einer Denktradition geschuldet sei, die »sich als Sozialdemokratie bezeichnet«. Gegenüber der Ausweitung des Wohlfahrtsstaates und der Frauenrechte äußert er sich kritisch. Er fühlt Sympathie für alle, die einen hohen IQ haben, da all diejenigen, die an den Kapitalismus glauben, von Menschen mit niedrigem IQ behindert würden: »Kapitalismus ist bei den Massen einfach nicht so beliebt.« Dennoch gebe es Hoffnung, meint er, solange es die technologische Disruption gebe:

> Das Schicksal unserer Welt könnte von den Bemühungen eines einzigen Menschen abhängen, der in der Lage ist, die Maschinerie der Freiheit aufzubauen oder sie zu verbreiten und so die Welt zu einem sicheren Ort für den Kapitalismus zu machen.[30]

Ein einzelner Mensch also. Der dafür sorgen soll, dass der Kapitalismus ungehindert fließen kann.

Was für ein Einzelner könnte da wohl gemeint sein?

Während seiner gesamten Karriere hat die mimetische Theorie Peter Thiel in seiner Arbeit begleitet. So auch im April 2012, bei einem Vortrag, den er an der Stanford-Universität hielt. An diesem Tag wurde das mimetische Modell kurzerhand auf das Silicon Valley selbst angewandt. Der Titel bestimmte die Tonart: »Der Gründer als Opfer, der Gründer als Gott!«

Laut Aufzeichnungen von Studierenden, die bei der Vorlesung anwesend gewesen waren, beschrieb Thiel mehrere historische »Gründer«, die als Sündenböcke geendet hatten. So nannte er etwa König Ödipus, Cäsar, Romulus – sie alle hätten etwas gemeinsam, nämlich dass sie getötet worden seien. Sie hätten in ihrer Zeit als exzentrische Figuren gegolten, erklärte Thiel, sie seien aus der Menge hervorgestochen. Sowohl vor als auch nach ihrer Hinrichtung seien sie quasi als Götter verehrt worden.

Daraufhin präsentierte Thiel den wenig eleganten girardianischen Vergleich mit den führenden Technologen des Silicon Valley. Mit Leuten wie ihm selbst, Steve Jobs, Sean Parker oder Bill Gates. Denn gewiss seien auch diese Gründer Schöpfer einer neuen Ära, wie Girard es beschrieben hatte. Und nicht selten würden sie in der Presse als Götter, Könige und Titanen bezeichnet, was im Bewusstsein der Öffentlichkeit haften bleibe. Was bedeutet das? Kurzum, dass mit der Rolle des Gründers ein existenzielles Risiko verbunden sei. Ein Gründer müsse sich vorsehen, sagte Thiel, denn plötzlich könne er sich auf dem

Weg zu seiner eigenen Hinrichtung wiederfinden. Der Gründer als Opfer, der Gründer als Gott!

Thiel benutzte sich selbst als Beispiel: Hätte er in seinen jungen Jahren CEO seines eigenen Unternehmens, PayPal, werden sollen? Er habe seine Zweifel gehabt: »Etwas scheinbar derart Unschuldiges wie den Titel CEO zu tragen, kann ziemlich gefährlich sein«, sagte er.

Dann wandte er sich dem berühmten Schlüsselwort der Occupy-Wall-Street-Bewegung zu: *99 % vs. 1 %*. Ich habe dieses Motto immer für ganz eindeutig gehalten. 1 Prozent der US-amerikanischen Bevölkerung besitzt 40 Prozent des Landesvermögens, und für mich gibt es nur eine Art und Weise, das zu verstehen: als ungerecht.

Aber Thiel las dieses Motto anders. Zu den Studierenden sagte er an diesem Apriltag im Silicon Valley: *99 % vs. 1 %* sei der zeitgenössische Ausdruck des klassischen Sündenbockmechanismus. »Und zwar alle, minus einem, gegen den einen.«[31]

Was sagte Thiel da eigentlich? Im Grunde genommen Folgendes: In der Beziehung zwischen ihm und uns sind *wir* diejenigen, von denen eine Gefahr ausgeht. Er selbst mag Palantir besitzen, den weltweiten Marktführer einer Technologie, die nicht nur dazu benutzt wird, Terroristen zu überwachen, sondern auch Menschen abzuschieben und Familien zu trennen. Dennoch sind er und die Seinen, das reiche und mächtige eine Prozent, das wahrscheinlichste Opfer. Auserkoren von der gewalttätigen Masse.

Die Patience geht nicht auf: Wie hatte Girards Kulturtheorie hier enden können, in einem Argument für einen uneingeschränkten Kapitalismus? Hätte Girard die 99 Prozent der Bevölkerung als Feinde betrachtet?

Lassen Sie mich versuchen, es zu verstehen. Girard betrachtete Konflikte als Ergebnis der Gleichheit, nicht des Unterschieds. Aus seiner Perspektive ist eine Gesellschaft dann gesund, wenn in ihr differenziert wird, wenn Arbeitsteilung sowie kulturelle Unterschiede aufrechterhalten werden. Wie sehr eine solche Auffassung doch im Grunde den Mächtigen in die Hände spielt: eine philosophische Verteidigung von Ungleichbehandlung. Kann man denn etwa nicht behaupten, er bagatellisiere ökonomische Ungleichheit? Und dazu kam diese eher unkonventionelle Tendenz Girards, stets zu versuchen, die Geschichte aus der Sicht des Opfers zu sehen, egal welchen Ranges. Er sah das Opfer in einem Armen, in einem Aussätzigen, aber auch in einer Königsfigur.

Ja, diese Aspekte von Girards Denken könnten durchaus als Verteidigung des Status quo interpretiert werden.

Auf der anderen Seite war Girard der Gerechtigkeitsdenker schlechthin, der auch dort nicht aufgeben wollte, wo die politischen Kampfideologien ins »Utopische« abglitten, wie er sich ausdrückte. Um wirklichen Frieden zu erreichen, müsse man weiter gehen, als etwa der Marxismus oder der Feminismus es jemals getan hatten. Die Geschichte habe gezeigt, sagte er, dass naive Versuche, Menschen miteinander auf dieselbe Stufe zu stellen, lediglich zur Reproduktion interner Konflikte führen würden. Menschen würden immer neue Wege finden, sich gegenseitig zu unterdrücken – das Diskriminierungsprinzip an sich sei stärker als die einzelnen Ausdrucksformen des Mobbings. Der Weg zu einer möglichen Befreiung liege darin, Selbstreflexion zu üben und nicht weiter in das mimetische Rattenrennen zu investieren, das die moderne Wettbewerbsgesellschaft ausmache.

Wofür man Girards Theorie vielleicht in erster Linie kritisieren kann, ist ihr totalisierendes Element. Eine einzige allumfassende Theorie zur Erklärung von allem. Das macht seine Analyse äußerst flexibel in ihrer Auslegung. Thiels Lobgesang auf den Kapitalismus fällt dennoch ein ganzes Stück weit vom Stamm, denn worum es in Girards akademischer Analyse vornehmlich ging, war das Verstehen von Gewalt und deren Verhinderung.

Als Girard 2015 im Alter von einundneunzig Jahren starb, hatte Thiel ihn sein ganzes Erwachsenenleben lang gekannt. Laut der Website der Stanford University soll der Investor für seinen Mentor in einer Kapelle auf dem Campus eine schöne Rede gehalten haben.

Sommer 2004. Die Luft schwirrt vor aufkeimender elektrischer Spannung, und das Tal wird von brünstigen Ingenieurssöhnen bevölkert. Das Silicon Valley ist immer noch geprägt von *sharing economy*, Idealismus und Hippie-Geist. In diesen Jahren scheint alles möglich. Und nun kommt Mark Zuckerberg mit sieben anderen Jungs hierher, und sie mieten sich im Tal ein Sommerhaus.

Was genau wissen wir über diesen Sommer, den Sommer des Jahres 2004? Er war sicherlich bezaubernd schön, wie die Sommer hier im Tal es immer sind. Wir wissen, dass Zuckerberg gerade mal zwanzig Jahre alt und eifrig auf der Suche nach Investoren war. Er hatte die Jungs mitgenommen, um ein Projekt weiterzuentwickeln, das er *Face Mash* nannte. Wir wissen, dass sie lange schliefen, alles auf den Kopf stellten und mit dem Hausbesitzer Ärger bekamen, weil sie vom Dach in den Gartenpool gesprungen waren.[32] Wir wissen, dass Mark Zuckerberg im August ein Treffen mit Peter Thiel hatte. Thiel kam seinerseits direkt von einem wichtigen Seminar, das er zusammen mit Girard in Stanford organisiert hatte.[33]

Zuckerberg muss mit Ehrfurcht zu diesem Treffen gegangen sein: Thiel war siebzehn Jahre älter als er, Schachgenie und einer der einflussreichsten Investoren der Welt, betrieb Terrorismusbekämpfung und wurde von der CIA gesponsert. Angesichts eines solchen Schwergewichts fürchtete Zuckerberg vielleicht, seine eigene Erfindung sei zu kindisch – ein soziales Netzwerk, mehr nicht. Doch die beiden scheinen auf einer Wellenlänge gewesen zu sein. Weder Thiel noch Zuckerberg waren typische Technologen. Peter Thiel hatte den Kopf voller mimetischer Theorie. Mark Zuckerberg hatte an der Harvard University Psychologie studiert. Beide brachten gute Voraussetzungen mit, um das Potenzial der zutiefst sozialen Technologie zu verstehen, die hier entworfen wurde. Und sie wurden Freunde. Thiel kaufte Zuckerberg ein Auto, einen SUV.

Zur allgemeinen Überraschung wurde Thiel der erste Großinvestor, der an Zuckerberg glaubte. Er investierte 500 000 Dollar und besaß somit 10,2 Prozent des Unternehmens. Das war für Facebook von ausschlaggebender Bedeutung und sollte Thiel zu einem Multimillionär machen. Aber noch wichtiger: Er erhielt einen Platz im Board of Directors bei Facebook. Es war ein prominenter Platz, direkt neben Zuckerberg. Dort saß er sechzehn Jahre lang (während einer Expansion, die in der Geschichte ihresgleichen sucht).

Und an diesem Punkt in der Geschichte, im Jahr 2004, verknüpfen sich die Fäden miteinander: Girard, Thiel, Zuckerberg. Ein symbolisch bedeutsames Jahr in Echos Epoche.

Warum investiert Peter Thiel in Facebook? Erkennt er damals schon, dass der junge Mann ein Stück mimetische Technologie entworfen hat?

Thiels Motiv, in Facebook zu investieren, ist in der Geschichte des Silicon Valley fast zu einer eigenen Legende geworden. Denn laut Thiel selbst hat er es René Girard zu verdanken, Facebooks Potenzial erkannt zu haben. Die Popularität der sozialen Medien sei darauf zurückzuführen, dass sie »doppelt mimetisch« seien, sagte er 2015.[34] Eine sonderbare Aussage von jemandem, der nur zu gut darüber Bescheid weiß, wozu Mimesis führen kann. »Doppelt mimetisch«, was bedeutet das? Dass sie doppelt so viel Konfliktpotenzial haben?

Girard selbst hat sich nie schriftlich über die technologische Revolution geäußert, die sich vor seinen Augen im Silicon Valley abspielte. Als man ihm den Spitznamen *»the godfather of likes«* gab, ließ er das unkommentiert. Er war neunzig Jahre alt. Der Mann, der sein Leben darauf verwendet hatte, das Bedürfnis des Menschen nach Vergleichen, Idolen und Sündenböcken zu verstehen, hatte sich den ältesten Medien der Geschichte gewidmet: Mythen und alten Schriften. Die Medientechnologie, die sich um ihn herum entwickelte, war für alle neu. Die mimetischen Kräfte würden notgedrungen zu Waffen werden, denn sie waren in die Infrastruktur der neuen Medien eingebettet.

Als soziale Medien aufkamen, repräsentierten sie eine völlig neue Gesellschaftskonstellation. Der Architektur selbst wohnte eine strenge formalistische Gleichheit inne: Selbst ein König hatte dieselbe Obergrenze an Followern, dieselbe Zeichenbegrenzung, dasselbe Profilbildformat wie alle anderen. Die Architektur stellte absolut jede und jeden auf denselben Rang: Hier gab es keine Prachtstraßen oder monumentalen Gebäude, die zeigen konnten, wer groß war und wer klein.

Das Setup mag demokratisch erscheinen, aber nur wenn man eine naive Sichtweise auf Demokratie hat. Auf sozialen Medien sind wir Follower (und somit auch Verfolger). Soziale Medien sind im Grunde genommen aus mimetischen Prinzipien heraus geschaffen. Ein Rahmenwerk für mediiertes Begehren, in dem jeder jeden als Imitator und Modell zugleich sehen kann. Zusätzlich sind alle mit einem mimetischen Werkzeugkasten ausgestattet (Teilen, Reposten, Retweeten), mit dessen Hilfe Sichtbarkeit erreicht werden kann. Daher ist es kein Zufall, dass Facebook, Instagram, Twitter und Snapchat Variationen desselben Designkonzepts verwenden. Es verstärkt die spezifischen mimetischen Kräfte: Götzenanbetung, Rivalität, Gruppensuggestion. Es funktioniert.

Ich stelle mir vor, Girard wäre immer noch am Leben und ich bekäme die Gelegenheit, ihm eine Frage zu stellen. »Stellen Sie sich eine mimetische Technologie vor«, würde ich ihn fragen, »was wäre ein passender Slogan dafür?«

Und ich stelle mir vor, dass er geantwortet hätte: *Bringing the world closer together*. Denn eine mimetische Plattform würde Menschen auf

Augenhöhe miteinander verbinden, um soziales Begehren zu entfachen. Dadurch hätte man sichergestellt, dass die Menschen Blut lecken und jede Menge Zeit damit verbringen würden, zu sehen, was andere mögen oder nicht mögen. In der nächsten Runde könnten wir das Vorkommen von Ansteckungsphänomenen beobachten, würde der Professor weiter erklären: Fan-Kulturen, Echokammern und Stammeskonflikte. Schließlich würden wir den Sündenbockmechanismus erblühen sehen. Das wäre die natürliche Konsequenz einer mimetischen Technologie.

Ja, so könnte Girard es beschrieben haben, stelle ich mir vor.

Und er hätte recht behalten.

The real Thiel

Thiel, der Investor, und Thiel, der Girardianer. Durch seine Position im Facebook-Vorstand überschneiden sich diese beiden Aspekte von Peter Thiel. Es ist so auffällig, dass nicht nur ich ins Spekulieren gerate: Hat Thiel in Facebook ein politisches Potenzial gesehen?

Im Jahr 2020 schrieb etwa Frederik Stjernfelt, ein dänischer Autor und Professor für Wissenschaftstheorie, über Thiels Übernahme:

> Wozu diese Investition? Rein empirisch gesehen erfüllt Facebook die nächsten Schritte

> in Girards Theorie: schnell und häufig entstehende Konflikte, zunehmende Tribalisierung (...). Ein Sündenbockmechanismus, der auf der Plattform nachweislich floriert, in Form mehr oder weniger organisierter Shitstorms gegen ausgewählte Opfer.[35]

Stjernfelt fragt misstrauisch: »Hat Thiel Facebook als Möglichkeit gesehen, eine gigantische mimetische Krise auszulösen?« Worauf er trocken und vielsagend hinzufügt: »Girards Pazifismus scheint Thiel nicht gerade zu teilen.«

Ein anderer, selbst von Girard inspirierter Denker ist Geoff Shullenberger, Dozent an der New York University. Er fordert uns zum girardianischen Nachdenken über soziale Medien auf, denn dann, so meint er, könnten wir ein wesentliches Wesensmerkmal derselben erkennen: nämlich dass Mobbing und Hetze in sozialen Medien keineswegs bloße Nebenwirkungen seien, keine *bugs*, sondern eine definierende Eigenschaft, ein *feature*. Aufgrund ihrer mimetischen Natur würden soziale Medien fast zwangsläufig dazu neigen, die Form von *Sündenbockmaschinen* anzunehmen. Daher sieht er uns mitten in einer neuen Ära der Verfolgung.

Shullenberger geht noch einen Schritt weiter und meint, es sei ausgeschlossen, dass sich Thiel dieses Umstandes nicht bewusst sein könnte. Thiel sei ein Girardianer durch und durch. Er wisse sehr wohl, dass man Gründer wie ihn selbst für die Verwüstungen der Disruption zur Verantwortung ziehen werde, es sei denn, es gelinge ihm, das Wüten umzuleiten:

> Für jemanden, der aus seiner Sorge über die Bedrohung, die über Menschen in Machtpositionen schwebt, keinen Hehl macht, wäre es von entscheidendem Vorteil, die Gewalt von prominenten Personen als den augenfälligsten potenziellen Zielscheiben des *Ressentiments* der Bevölkerung weg- und stattdessen in destruktive Konflikte mit anderen Nutzern zu lenken. (...) Thiel hat sich hier klar genug ausgedrückt; die Mächtigen werden von mimetischer Gewalt bedroht; sie muss unter Kontrolle gebracht werden, zu deren – seinem eigenen – Schutz.[36]

Eine solche Argumentation hat es durchaus in sich. Peter Thiel soll also zwei oder drei Welt-Imperien geschaffen haben, nur um seine eigene Haut zu retten. Das ist der Grund, weshalb Thiel über Jahrzehnte hinweg eine Hand am Lenkrad von Mark Zuckerbergs Sündenbockmaschine behält. Auf diese Weise können die Reichen reich bleiben, während die Armen sich gegenseitig die Augen auskratzen.

Oh ja – und jetzt befinde ich mich mitten in jenem Teil des Gehirns, wo Verschwörungstheorien entstehen. Abends sitze ich vor dem Laptop und durchkämme das Netz nach Thiels Namen. Sie reihen sich aneinander: Videos, Reden, Diskussionen über ihn in allerlei Foren. Und was ich erfahre, was ich sehe! Ich finde heraus, welche Kontakte er in weißen nationalistischen Kreisen pflegt.[37] Dass die faschistische Bewegung Dark Enlightenment ihn als eine Art Guru betrachtet.[38] Wie viele lukrative Verträge er während Trumps Präsidentschaft mit dem US-Militär und Geheimdiensten abgeschlossen hat.[39] Dass er als zukünftiger Herausgeber des rechtsradikalen Nachrichtenportals Breitbart gehandelt wird.[40] Dass er an der Gründung schwimmender Staaten auf hoher See arbeitet, dem sogenanntem *seasteading*, um so mit anderen politischen Regierungsformen als der Demokratie experimentieren zu können.[41] Dass er Millionen von Dollar an Alcor gespendet hat, das Labor, das ihn nach seinem Tod einfrieren soll.[42] Dass er mit dreizehn Jahren Machiavelli gelesen hat. Dass er sich regelmäßig Blut von Achtzehnjährigen injizieren lässt, um sich jung zu halten.[43]

Und nach und nach ergibt sich ein innerer Zusammenhang. Peter Thiel ist ein Denker und ein Spieler in seiner eigenen Liga. Er versteht alles. Die extreme Wandlungskraft der Technologie und was dazugehört, um eine Zivilisation zum Zusammenbruch zu bringen. Also versteht er das, was ich zu verstehen versuche – nur wesentlich besser –, und dazu hat er Geld und Sehende Steine, während ich nur hier an meinem Laptop sitze. Deshalb kann ich nicht anders, als ihm auf der Spur zu bleiben. Schritt für Schritt, auf der Fährte des *real Thiel*, wie ich ihn inzwischen nenne.

Der Algorithmus hilft mir, bei jedem Schritt meines Weges.

DAS GEBIRGE

Der Ort, wo Echo, die laute Nymphe mit der endlos schwatzenden Stimme, von Hera verflucht wird, ist das Gebirge. »Der Zunge Gewalt, die mich arglistig betrogen, | Soll dir gering hinfort, und kurz der Stimme Gebrauch sein!« – so beschwört Hera den Fluch herauf. Und so kommt es, dass Echo die Fähigkeit verliert, auch nur einen einzigen selbstständigen Satz zu formulieren. Einsam irrt sie im Gebirge umher, bis sie eines Tages plötzlich Narziss erblickt, den schönen Jüngling, der gerade auf Hirschjagd ist.

Von da an weiß sie, wem sie folgen soll.

Überfluss und Armut

Echos Epoche ist erst vor wenigen Jahrzehnten angebrochen. Die Geschichte, die hier erzählt werden soll, ist kurz. Gleichzeitig sprengt sie alle Vorstellungen von Zeit und Raum. Bis zum Ende des Jahres 2024, lese ich, wird die Informationsmenge im Internet auf 160 Zettabyte angewachsen sein. Wie können wir diese Zahl verstehen? Dafür braucht man sich lediglich vor Augen zu führen, dass ein Zettabyte 1 000 000 000 000 000 000 000 Bytes entspricht. Bitteschön, ticken Sie ruhig aus.

Das Netz expandiert jede Sekunde. Es muss ununterbrochen aufgeräumt, strukturiert und reguliert werden. Das haben sich die *Big-tech*-Unternehmen im Silicon Valley zur Aufgabe gemacht. Sie haben die Infrastruktur geschaffen, in der wir uns bewegen, und eine Infrastruktur ist niemals neutral. In der physischen Welt wandeln wir auf den Wegen der Städteplaner und Architektinnen. Im Internet passiert dasselbe. Wir werden gelenkt und geführt, mit unseren Sinnen und unserem Verstand, nach Prinzipien, die besagte Unternehmen für uns festgelegt haben.

Am Anfang war das Internet eine anarchistische Wildnis. In vielerlei Hinsicht eine Utopie: ein freier Ort ohne Zensur und Überwachung, und zu allem Überfluss war das Ganze völlig werbefrei. Das Internet der 1990er-Jahre lässt sich leicht romantisieren. Wir alle waren so sorglos wie die Nymphe, die zu viel redete. Ein Zuviel an Information konnte es nicht geben, dachten wir, Information würde uns nur demokratischer und aufgeklärter machen. Doch dann kam »Heras Fluch«. Bald stellte sich heraus, dass das Informationszeitalter inhärente Probleme mit sich brachte. Information, so sie in unbegrenzten Mengen vorhanden war, verlor rasch ihren Wert. Wie der Turm zu Babel wuchs das Internet gen Himmel, Spam und Müll drohten, die Oberhand zu gewinnen.

Außerdem war das Ganze unrentabel. Und hier kam das Silicon Valley ins Spiel. Mit seiner angesehenen Stanford University und seiner Tradition der Garagengründungen war das Tal in der Lage, das Weltengewebe zu verändern. Im ersten Jahrzehnt des 21. Jahrhunderts gab es für das Silicon Valley, das Internet betreffend, zwei Aufgaben. Die erste war, darin aufzuräumen. Die zweite war, es rentabel zu machen.

Aufmerksamkeitsökonomie. Der Begriff verbindet etwas Weiches, die einzigartige Wachsamkeit, die nur lebenden Wesen eigen ist, mit etwas Hartem, nämlich Mathematik, mit ihren Modellen und Gesetzen. Im Grunde wäre es nicht zwingend notwendig gewesen, dass gerade die Aufmerksamkeitsökonomie zum eigentlichen Geschäftsmodell des Silicon Valley werden würde. Aber so kam es: Innerhalb von weniger als zwanzig Jahren hatten die Unternehmen eine Infrastruktur aufgebaut, die sowohl »geordnet« als auch rentabel war. Das Prinzip ist ganz einfach: Je mehr wir in den Bildschirm schauen, desto mehr bekommen sie von uns zu sehen. Sobald wir den Bildschirm einschalten, wird ein spektakuläres System schlauer Algorithmen abgefeuert, die daran arbeiten, uns so lange wie möglich vor dem Schirm zu halten. Auf diese Weise werden personenbezogene Daten gesammelt. Und personenbezogene Daten sind von unschätzbarem Wert. Dieser Wirtschaftszweig basiert fast zu 100 Prozent auf Überwachung und wird zu 100 Prozent durch Werbung finanziert.

Aufmerksamkeitsökonomie zu verstehen, ist meines Erachtens notwendig, um verstehen zu können, was Psychologinnen und Psychologen meinen, wenn sie unsere Zeit als »Zeitalter der Einsamkeit« titulieren, als »Zeitalter des Zorns« – oder wenn von einer »narzisstischen Epidemie« die Rede ist.[44] Aufmerksamkeitsökonomie besteht zu 50 Prozent aus Psychologie und zu 50 Prozent aus Ökonomie. Und wenn Sie wie ich geglaubt haben, dass es sich bei Aufmerksamkeitsökonomie um eine Art Metapher handelt, dann haben Sie sich geirrt. Aufmerksamkeitsökonomie funktioniert weitgehend wie eine reale Wirtschaft. Dies wurde bereits 1969 deutlich formuliert, von einem höchst seriösen Wirtschaftsnobelpreisträger, nämlich Herbert A. Simon.[45]

Herbert A. Simon war Sozialwissenschaftler, Psychologe und Experte für Entscheidungsprozesse des Gehirns und gehört zu den Pionieren der Erforschung künstlicher Intelligenz. Auch heute noch ist er einer der am häufigsten zitierten Denker in diesem Bereich. Simon sah einen Informations-Tsunami auf uns zukommen, dem er sich gleichermaßen als Ökonom wie als Psychologe annäherte. Dieses neue, chaotische Informationszeitalter würde für die klassischen ökonomischen Modelle zur Herausforderung werden, prophezeite er. Denn der eigentliche Fokus der Volkswirtschaftslehre definiert sich wie folgt: »Das Verstehen, wie die Gesellschaft ihre knappen Ressourcen zur Produktion nutzt und Güter innerhalb der Bevölkerung verteilt.« Knappheit – dass etwas nur in begrenzten Mengen vorhanden ist – ist für die Definition ausschlaggebend, denn ohne Knappheit würde niemand für irgendetwas bezahlen wollen. Folglich würde es vermutlich auch keinen Markt geben. Ökonominnen und Ökonomen untersuchen daher, wie sich Knappheit auf Preise, Angebot und Nachfrage auswirkt. Und sah es danach aus, als würde Information in diesem neuen Informationszeitalter zur »knappen Ressource« werden? Offensichtlich nicht, sagte Simon, stattdessen steuerten wir auf eine Zeit zu, die von *Informationsüberfluss* geprägt sein werde. Information könne daher in einer nach der traditionellen Definition verstandenen Wirtschaft nicht als typisches »Gut« betrachtet werden. Um zu verstehen, welche Ressource begrenzt war – und somit an Wert gewinnen würde –, müsse man darauf schauen, was von der Information selbst *konsumiert werde*. In einer berühmten Rede sagte Simon:

> Was Information konsumiert, ist ziemlich eindeutig; Information konsumiert die Aufmerksamkeit ihrer Empfänger. Folglich führt ein Überfluss an Information zu einer Armut an Aufmerksamkeit.[46]

Als ich anfing, meine eigene Aufmerksamkeit als eine Wirtschaft zu betrachten, passierte etwas. Ich begriff, dass ich in Gefahr bin.

Bereits zuvor war mir schmerzlich bewusst gewesen, dass Konzentration eine knappe Ressource ist. Für mich sind die Tage schon immer ein Kampf zwischen Ablenkung und Disziplin gewesen. Wenn ich die Aufmerksamkeitsökonomie in ein persönliches Budget einsetze, erhalte ich als Ergebnis ein Defizit: Ich habe *nicht viel Spielraum.* Ich muss Aufmerksamkeit *sparen.* Ich kann mir nichts anderes *leisten.*

Plötzlich fühlte es sich gefährlich an: In dieser Wirtschaft könnte ich zu den Armen gehören.

Mit diesem Gefühl bin ich nicht ganz allein. Im 21. Jahrhundert zu leben, bedeutet, den Druck der Aufmerksamkeitsökonomie jeden Tag am eigenen Leib zu spüren zu bekommen. Unsere Gehirne sind, ganz konkret, Gegenstand eines hochtechnologischen Wettbewerbs zwischen Unternehmen, die darauf spezialisiert sind, unsere Sinne einzufangen. Denken Sie mal über das Machtverhältnis nach. Auf der einen Seite: die reichsten Unternehmen der Welt, intelligenteste Algorithmen, die besten Technikerinnen und Techniker. Auf der anderen Seite: wir mit unserer Hirnrinde, die sich seit der Steinzeit nicht wesentlich verändert hat.

Es ist kein fairer Kampf.

Aufmerksamkeitsökonomie ist von den eigenen Dissidenten des Silicon Valley ausführlich beschrieben worden. Leute, die selbst in der Tech-Branche tätig waren, wie Jaron Lanier, Antonio García Martínez, Tristan Harris oder James Williams, haben Insider-Berichte über die Unternehmen veröffentlicht, für die sie gearbeitet haben. Sie schildern Systeme, die sich auf das Einfangen, die Speicherung sowie den Verkauf von Aufmerksamkeit spezialisiert haben.[47]

Hier folgt eine kurze Geschichte über das andere Netz. Das warme und mimetische Fangnetz, das in weniger als zwanzig Jahren entstanden ist: ein paar Jahreszahlen, Ereignisse und eine Geschichte der Rentabilität. Meine Version der Geschichte ist nicht neutral, aber faktenbasiert und wahr.

Wir schreiben das Jahr 2002. Ein Aprilmorgen auf dem Google-Campus. Ein paar Analysten kamen zur Arbeit, setzten sich an ihre Schreibtische und blickten in ihre Computer. Dort fiel ihnen auf, dass der Verlauf einiger Datenkurven, die sich auf Spitzenwerte in den Suchanfragen bezogen, eine ungewöhnliche Regelmäßigkeit aufwies. Am Vorabend war im US-amerikanischen Fernsehen eine beliebte Quizshow gezeigt worden. Wie sie feststellten, waren in dieser »Gebirgskette« der Spitzenwerte die aufgrund der unterschiedlichen Zeitzonen versetzten Sendezeiten der Show widergespiegelt. Die Präzision des nationalen Barometers, das sie vor sich hatten, war beeindruckend – und den Analysten dämmerte es, dass dies ein Wissen war, das genutzt werden konnte. Man würde das Suchmuster der Menschen vorhersagen können, insbesondere wenn man das gewonnene Wissen mit anderen Arten von Information kombinierte. Sie begannen aktiv, Unterschiede zwischen den Nutzerinnen und Nutzern zu studieren: geschlechtsspezifische, soziale, geografische und altersbezogene Unterschiede. Was konnten solche Benutzerprofile wert sein? Bisher hatten die Gründer von Google, Sergey Brin und Larry Page, keine Werbung auf ihrer Plattform gewünscht. Aber nun, da sie wie der Rest der Dotcom-Branche mit Geldproblemen kämpften und Gefahr liefen, in Konkurs zu gehen, geriet etwas ins Rollen. Und so begann das Unternehmen, die Möglichkeiten eines neuen Marktes zu erforschen: auf die Nutzerinnen und Nutzer zugeschnittene, maßgeschneiderte Routen durch das Netz, finanziert durch ebenso maßgeschneiderte Annoncen. Die *Personalisierung* des Internets hatte begonnen.

Dies war der erste Schritt vom Netz zum Spiegel.

Was Google an jenem Morgen im Jahr 2002 entdeckt hatte, so die Harvard-Professorin und Sozialpsychologin Shoshana Zuboff, war *Mehrwert* in Form von »Verhaltensüberschuss«[48]. Das Unternehmen erkannte, dass die von uns hinterlassenen Informationen nicht nur dazu verwendet werden konnten, die Suchmaschine für jede und jeden von uns relevanter zu gestalten, sondern auch, um einen größeren Gewinn zu erzielen. Und so kam es auch. In etwas über drei Jahren, von 2001 bis 2004, stiegen Googles Einnahmen um 3590 – dreitausendfünfhundertneunzig – Prozent. Somit war die Suche des Silicon Valley nach einer mythischen Goldader erst einmal abgeblasen. Nun galt es, Googles Strategie zu kopieren. Facebook folgte auf dem Fuße, und heute ist dies eine Grundregel für alle Internetunternehmen, die überleben wollen: die Aufmerksamkeit der Nutzerinnen und Nutzer mit allen Mitteln im Griff zu behalten. Das ist der Grund, warum im Internet so vieles »gratis« ist. Das mittlerweile berühmte Sprichwort aus dem Silicon Valley erklärt, woher die Einnahmen kommen: »Wenn es kostenlos ist, bist du nicht der Kunde. Du bist das Produkt.«

Der Kunde, das ist der Inserent. Das Produkt, das verkauft wird, sind wir. Und wir sind, in aller Bescheidenheit, eine Goldmine. Im Jahr 2020 erzielte der Google-Mutterkonzern Alphabet 80,5 Prozent seiner Einnahmen aus dem Verkauf personenbezogener Daten und Anzeigen (einschließlich der Einnahmen der Tochtergesellschaft YouTube). Der Facebook-Mutterkonzern Meta übertrifft dies bei Weitem. Im Jahr 2020 kamen 97,9 Prozent seiner Einnahmen aus dem

Anzeigenverkauf (einschließlich der Einnahmen der Tochtergesellschaft Instagram).[49] Aus wirtschaftlicher Sicht betreiben weder Google noch Facebook primär eine Suchmaschine beziehungsweise ein soziales Netzwerk. Auf ihre Einnahmen bezogen sind diese Unternehmen eher als avancierte Werbekanäle zu betrachten.

Die Rohstoffe in der Aufmerksamkeitsökonomie sind unser Sinnesapparat und unser Verhalten. Zuboff meint, in unserer jetzigen Situation eine neue Mutation des Kapitalismus zu erkennen, die sie als Überwachungskapitalismus bezeichnet. Eine klassische marxistische Analyse, die den Kapitalismus als Parasit auf der Arbeitskraft der Menschen betrachtet, sei unzureichend, wenn man die Ausbeutung durch das Silicon Valley verstehen wolle. Der Überwachungskapitalismus, sagt sie, nähre sich von sämtlichen Aspekten menschlicher Erfahrung.[50]

Ein großer Teil der Rentabilität ergibt sich aus der sogenannten Vorhersage: Wenn ein Unternehmen steuern kann, wohin wir im Internet gehen, kann es Routen schaffen, auf denen sich Gewinn erzielen lässt. Stuart Russell, einer der führenden Wissenschaftler im Bereich künstlicher Intelligenz, formuliert es so: »Die Lösung besteht darin, die Vorlieben der Nutzer derart zu verändern, dass sie leichter vorhersagbar werden.«[51] Shoshana Zuboff drückt es folgendermaßen aus: »Das Ziel ist, uns zu automatisieren.«[52] Oder, um es mit den Worten von Googles Chefökonom Hal Varian zu sagen, hier natürlich in einem optimistischen Tonfall: »Wir werden wissen, was Sie wollen, und es Ihnen sagen, bevor Sie die Antwort kennen!«[53]

Seit 2005 wurden in Tech-Unternehmen große Abteilungen für Analyse und Messung des Nutzerverhaltens sowie den Verkauf der erhobenen Daten eingerichtet. Man entwickelte Marktstrategien und eine Geschäftssprache. *Monetizing the attention* lautete die Strategie: aus der menschlichen Aufmerksamkeit Profit schlagen. Im Vordergrund stand das sogenannte *targeting*: jede und jeden von uns auf eine Art und Weise einzukreisen, in der nichts, worauf wir das Auge richten, dem Zufall überlassen blieb. Es ging darum, »Augen« oder *eyeballs*, wie sie genannt wurden, an Inserenten zu verkaufen.

Allein diese Art von Geschäftssprache hat es in sich. *Eyeballs* werden heutzutage auf Online-Werbeauktionen an den Meistbietenden verkauft. Man hat also unsere Körperteile in wirtschaftliche Größen übersetzt und verkauft sie, abstrahiert und stückweise, nicht unähnlich dem Verkauf von Aktien an der Börse.

2007 betrat Steve Jobs die Bühne, und Jobs war ein Gott. Apple, so viel war jedem klar, war nicht nur ein Hersteller von Geräten, sondern brachte mit jedem neuen Produkt ein geradezu sakrales und einzigartiges Kunstwerk in die Welt. Damals war es *the iPhone*. Ein Raunen ging durch den Saal: Jetzt konnten wir das Internet überallhin mitnehmen. Eine gewaltige Expansion der Aufmerksamkeitsökonomie in Raum und Zeit.

Zu diesem Zeitpunkt hatten die Unternehmen längst erkannt, welch enormes Marktpotenzial im menschlichen Sinnesapparat verborgen lag. Das größte Hindernis hatte im Grunde genommen darin gelegen, sich einen Zugriff darauf zu verschaffen. Denn vonseiten der Politik gab es keinerlei Regulierung. Die Politikerinnen und Politiker begriffen wenig von der neuen Technologie und wollten vor allem den Eindruck erwecken, up to date zu sein. Auch der Wettbewerb stellte kein größeres Problem dar, da die wenigen Konkurrenten, die es gab, schön übersichtlich Seite an Seite in den gelben Ebenen des Silicon Valley zu finden waren. Der schlimmste Konkurrent war somit das Leben, das die Menschen jenseits des Bildschirms führten. Zeit mit Freundinnen und Freunden zum Beispiel, Ausflüge, lesen oder einfach nur rumhängen. Oder schlafen. Einige Jahre später sollte der CEO von Netflix auf einer Bühne stehen und sagen: »... *we actually compete with sleep*«, ehe er hinzufügte: »*and we're winning!*«[54]

Dieses Faktum – dass Menschen sich einmal täglich in sich selbst zurückziehen, die Augen schließen und sich einer vollkommen unprofitablen Schlafphase hingeben – ist die einzige (ja, von Tod oder Koma einmal abgesehen) absolute Grenze in der Aufmerksamkeitsökonomie.

Im Sommer jenes Jahres, 2007, hatte sich eine Gruppe braun gebrannter, fröhlicher und reicher Männer um einen Tisch in Napa, Kalifornien, versammelt.[55] In ihren Shorts und T-Shirts machten sie einen lässigen und entspannten Eindruck. Vor ihnen stand kein Geringerer als Daniel Kahneman und hielt einen Vortrag. Kahneman ist ein Schwergewicht auf dem Gebiet der Verhaltensökonomik – einem Fachgebiet, das man als eine Art Studium der menschlichen Unvollkommenheit bezeichnen kann. Im Gegensatz zur klassischen Ökonomik, die Menschen als rational denkende Wesen behandelt, geht die Verhaltensökonomik nämlich vom Gegenteil aus. Das Fach basiert auf drei Prinzipien: Menschliche Entscheidungen beruhen auf a) begrenzter Rationalität, b) begrenzter Willenskraft und c) einer begrenzten Fähigkeit, unsere eigenen Interessen zu verfolgen.

Die Männer hörten aufmerksam zu, während Kahneman über seine eigene Hirnforschung sprach, die er anhand zweier Metaphern darstellte: »System 1« und »System 2«. Wir Menschen tendieren zu dem Glauben, unser Gehirn bediene sich hauptsächlich des »Systems 2«, also des durchdachten, rationalen, methodischen Denkens. Aber das Gegenteil ist der Fall. Ein Großteil unserer Alltagsentscheidungen wird von »System 1« getroffen. Wenn wir uns in diesem System befinden, sind wir von Begierden gesteuert, haben schlechte Impulskontrolle und legen ganz allgemein nicht die beste Urteilskraft an den Tag. Erkenntnisse, die später in Kahnemans Bestseller *Thinking, fast and slow*[56] präsentiert werden sollten.

Die Zusammenkunft war so erfolgreich, dass sie im folgenden Jahr wiederholt wurde. Diesmal war es Richard Thaler, auch er Verhaltensökonom, der vor den fröhlichen, braun gebrannten, reichen Männern stand. Thaler hatte im selben Jahr, 2008, gemeinsam mit Cass Sunstein das Buch *Nudge* publiziert.[57] Wie Kahnemans Bestseller ist auch *Nudge* ein moderner Klassiker geworden. Das Buch beschäftigt sich damit, wie Machtsysteme durch *nudging* (also Anstupsen) Menschen dazu bringen können, bessere Entscheidungen zu treffen (ein klassisches Beispiel sind Läden, in denen Gemüse anstatt Zigaretten an der Kasse platziert ist, damit die Menschen »unbewusst« eine gesunde Wahl treffen).

Es waren durchaus keine beliebigen Referenten, die sich die braun gebrannten Männer als Redner in ihren sonnenlichtdurchfluteten Raum nach Kalifornien geholt hatten. Sowohl Kahneman als auch Thaler sind, wie auch Herbert A. Simon, Nobelpreisträger in Wirtschaftswissenschaften (Kahneman erhielt den Preis 2002, Thaler 2017). Etwas unbehaglich vielleicht, dass so viele Nobelpreisträger gerade die Schwäche des menschlichen Gehirns zu ihrem Spezialgebiet gemacht haben. Gleichzeitig hatte diese Forscherelite mit ihrer Forschung gewiss die besten Absichten, und ist Wissen an sich denn jemals gefährlich gewesen? Wissen wird erst dann gefährlich, wenn es *gegen uns* verwendet wird.

Wer saß dort im Raum und lauschte? Sean Parker von Facebook war da, Jeff Bezos von Amazon war da, Evan Williams von Twitter, die beiden Gründer von Google, Sergey Brin und Larry Page, dazu der etwas rebellischere Chaospilot Elon Musk. Auf dem Nachhauseweg befanden sich in ihrem Gepäck die neuesten Erkenntnisse über die kognitiven Verwundbarkeiten des menschlichen Gehirns. Das Wissen von Abhängigkeiten und blinden Flecken, von der angeborenen Abneigung des Menschen gegen das Verlieren und dass 95 Prozent unserer Entscheidungen im Autopilot getroffen werden. Und kaum waren sie zu ihren Unternehmen zurückgekehrt, rekrutierten sie die besten Webdesigner der Branche.

Behavioural designers gehören zu den allerunsichtbarsten Machtausübenden im Zeitalter der Echo. Ihr Job ist es, *Verhalten* zu designen. Sie entwerfen die Infrastruktur, in der unser Gehirn agiert. Sie können unser Gehirn also lenken, indem sie kühlen Überblick und Distanz suggerieren und das »System 2« unterstützen. Aber sie können auch ans »System 1« appellieren, das nicht weiß, wo rechts und links ist und immerzu auf der Suche nach einer Afterparty ist. Es liegt auf der Hand, welches System leichter zu beeinflussen ist, wenn es darum geht, Geld zu verdienen.

Sean Parker von Facebook hat in diesen Sommern aufmerksam zugehört. Später sollte er behaupten, er habe es bereut. In einem Interview hat er Facebook als *»social-validation feedback loop«* bezeichnet; durch Likes oder Kommentare würden den Usern kleine Dopamin-Räusche verpasst, die sie wiederum dazu animierten, weiter zu posten. Dopamin ist das »Belohnungshormon« des Gehirns – so konnte man sicherstellen, dass die Menschen immer wieder zurückkommen würden, daher der Ausdruck *loops*. »Es war eine Ausbeutung der Verwundbarkeit der menschlichen Psychologie, (...) das war uns völlig bewusst. Und dennoch haben wir es getan«, sagte er.[58]

Viele der gefragtesten Designer dieser Jahre kamen direkt vom Stanford Persuasive Tech Lab (heute Stanford Behavior Design Lab). Heute mag der damalige Name seltsam erscheinen mit seinem unverkennbaren Klang von Neunzigerjahre-Optimismus (hier wird *Überzeugungstechnologie* gelehrt!). Und wir alle haben miterlebt, was für eine Verwandlung das Internet seit etwa 2008 durchlaufen hat. Alles wurde leichter und spielerischer, mit beweglichen Bildern und fantastischen Scroll-Menüs, die uns vorschlugen, wonach wir suchen sollten. Es waren Empfehlungen, die unwiderstehlich und treffend waren. Immer mehr Funktionen ähnelten Spielen: Tasten, Benachrichtigungen, Hebel. Roulette-Funktionen, *swipes* und *streaks*.

Der ehemalige Designer Tristan Harris kam selbst vom Stanford Persuasive Tech Lab und ging von dort direkt zu Google. Was er an der Schule gelernt habe, sagte er, sei nicht »Verhaltensdesign«, sondern »Abhängigkeitsdesign«. Wir stünden mitten in einem riesigen Gehirnexperiment, das Generationen von uns prägen werde, meint er. Denn die Funktionsweise unserer Mobiltelefone unterscheide sich nur unwesentlich von jener der allersüchtigmachendsten Spielautomaten in den Casinos von Las Vegas. Solange die Tech-Titanen an unserer Abhängigkeit verdienten, würden Depressionen und Polarisierung zunehmen und die Gesellschaft in Gefahr bringen, ist Harris überzeugt.[59]

Wir sind im Jahr 2012 angelangt. Jetzt kamen die wirklichen Quantensprünge. Durch Durchbrüche auf den Gebieten von ML (maschinelles Lernen), DL (*deep learning*) und KNN (künstliche neuronale Netzwerke) wurde das Potenzial der künstlichen Intelligenz revolutioniert.[60] Im Jahr 2012 führte Google Bilderkennung ein, 2014 erklärte Facebook, dass man mit einer Genauigkeit von 97,35 Prozent Gesichter erkennen könne, und im selben Jahr wurde bei Google das System *Sibyl* in Betrieb genommen. Sibyl, benannt nach der berühmten Seherin der griechischen Mythologie, ist ein komplexes maschinelles Lernsystem, das sich kontinuierlich an unsere Bedürfnisse anpasst. So bekommen wir alle ein immer stärker auf uns zugeschnittenes Internet.

Ein Netz für dich, ein Netz für mich.

Das lernende Netz hat die persönlichen Profile, die die Unternehmen über uns erstellt haben, zu präzisen Größen gemacht, die kontinuierlich mit Daten gefüttert und aktualisiert werden. Die Branche hat einen eigenen Begriff für diese Entitäten eingeführt: Man nennt sie *digital twins* – digitale Zwillinge.[61]

Bei Facebook und Google werden unsere digitalen Zwillinge ununterbrochen und im großen Stil verkauft.

Wie groß ist die Ähnlichkeit zwischen meinem Zwilling und mir? Lassen Sie es mich so formulieren: Die Unternehmen wissen, wofür ich mich interessiere, was ich lese, welche Vorträge und schlechten Filme ich mir anschaue. Sie sehen, an welchen Veranstaltungen ich interessiert bin, und können herausfinden, ob ich tatsächlich dort gewesen bin oder nicht. Sie kennen meine politische Einstellung, mein berufliches Netzwerk und mein Kaufverhalten. Meine kriminelle Vergangenheit, meinen Menstruationszyklus, meine Krankengeschichte und meine sexuelle Orientierung. Welche meiner Verwandten am Leben und welche tot sind. Sie kennen alle meine Schrullen, wissen, wie alt meine Kinder sind, welche Freundinnen und Freunde ich habe und worüber ich mit ihnen spreche.

Es gibt vieles an einem Menschen, was Algorithmen nicht sehen können. Zugleich aber gelingt es ihnen, Dinge zu erfassen, die ich sowohl vor mir selbst als auch vor anderen verborgen halte. Wie schnell reagiere ich? Gibt es in meinen Suchanfragen irgendwelche Muster, von denen ich nichts weiß? Ändere ich meine Blickrichtung, Geschwindigkeit und Suchgewohnheiten in Reaktion auf gewisse Arten von Content? Aus solchen Informationen werden neue Erkenntnisse gewonnen: ob ich extrovertiert oder introvertiert bin, abenteuerlustig oder rigide, ob ich depressiv bin oder glücklich.

Maschinelles Lernen ist eine faszinierende Kunst. Es imitiert die menschliche Art und Weise des Lernens. Es imitiert, schlicht und einfach.

Plötzlich waren unsere digitalen Zwillinge ein ganzes Stück näher gerückt.

Forscherinnen und Forscher im Bereich der künstlichen Intelligenz gehen mittlerweile davon aus, dass Maschinen in größerem Maße das erreichen können, was der Chemiker und Philosoph Michael Polanyi als »implizites« oder »stilles Wissen« bezeichnet hat. Stilles Wissen ist unbewusstes Wissen, das uns etwa in die Lage versetzt, Gefahren zu erkennen, zu sehen, wie es anderen geht, oder Spaß zu verstehen.

Maschinelles Lernen macht es erst möglich, dass wir uns derart nahtlos in Echtzeit steuern lassen können. Googles Suchmaschine kümmert sich heute um 90 Prozent unserer Internet-Suchanfragen, und 90 Prozent von uns wählen wiederum aus den ersten zehn Treffern aus. Zwischen 70 und 80 Prozent dessen, was wir uns auf YouTube, Amazon und Netflix ansehen, haben wir aufgrund von Empfehlungsalgorithmen ausgewählt. Was wir auf Facebook zu sehen bekommen, wird sorgfältig von Algorithmen kuratiert, die Hunderttausende Faktoren in ihre Berechnungen einbeziehen. In der Regel wissen die Unternehmen heutzutage ziemlich genau, wie unser nächster Schritt aussehen wird. Personalisierung ist extrem profitabel. Wenn ein Unternehmen Empfehlungsalgorithmen einführt, zeigt sich das unmittelbar in den Bilanzen. Der Umsatz steigt, und oft vervielfacht er sich.

Auf diese Weise wurde das Internet profitabel gemacht, enorm profitabel. Der Mehrwert kann in diesem wirtschaftlichen Kreislauf an verschiedenen Stellen abgeschöpft werden. In seiner einfachsten Form kann Aufmerksamkeit direkt als das verkauft werden, was sie ist, als *eyeballs* für Inserenten. Das bringt unmittelbare Einnahmen. Aber vielleicht noch wichtiger ist, dass unsere Aufmerksamkeit zu neuen Produkten der künstlichen Intelligenz führen kann, wie zum Beispiel Gesichtserkennung, Spracherkennung oder Sensoren für Smart Homes.

Der Kreislauf besteht also aus Gewinnung, Verfeinerung und Veredelung von Aufmerksamkeit. Die Durchbrüche von 2012 beruhten auf einer einzigen Voraussetzung: Man brauchte genügend menschliches Verhalten, von dem »gelernt« werden konnte. Und genau davon hatten die Unternehmen aus dem Silicon Valley mehr als genug. Nachdem sie ein Jahrzehnt lang Informationen über uns gespeichert hatten, waren sie im Besitz enormer Datensammlungen. Deshalb sind Google, Facebook und Amazon heute die Vorreiter der Digitalisierung in völlig neuen Bereichen, wie zum Beispiel Gesundheit, Bildung oder Bankwesen. Sie haben einen Vorsprung, den sie auf unbestimmte Zeit behalten werden.

Heute hat sich das Internet von einem wild wuchernden Gewebe zu einem kommerziellen Überwachungssystem entwickelt, das mit einer Macht ausgestattet ist, wie die Welt sie nie zuvor gesehen hat. In weniger als zwanzig Jahren ist aus einem Werkzeug eine Beziehung geworden – eine mimetische Beziehung.

Wenn in der Technologiebranche über die während dieser Entwicklung ergriffenen Maßnahmen gesprochen wird, werden Begriffe wie »Personalisierung«, »Relevanz«, »*targeting*« oder »Vorhersage« benutzt. Man spricht von »*gamification*«, »Schleifen« und »*feedback-loops*«. Man spricht von »psychografischen Profilen« und »digitalen Zwillingen«.

Aber all diese Begriffe erzählen auch eine ganz andere Geschichte. Sie handeln von der wechselseitigen Umschlingung von Mensch und Technologie. Ein mimetischer Kurzschluss hat stattgefunden, bei dem der Mensch nicht mehr aus der Schleife herausfindet. Gesellschaftsforscherinnen und -forscher finden immer wieder neue Begriffe für solche »Verschlussmechanismen«, die die Auswirkungen der Technologie auf die Gesellschaft beschreiben sollen. Sie verwenden Begriffe wie »Echokammern«, »Spiegelsäle«, »Filterblasen«, »Tunnelblick«. Oder, wenn sie Extremismus und Radikalisierung erforschen: »*the rabbit hole*«, »*the red pill*«. Ich sehe hier ein wiederkehrendes Muster:

Eine zwanghafte Wiederholung. Ein geschlossener Kreislauf.

Ich merke es selbst. Ich schalte den Bildschirm ein, um zu lesen, was draußen in der Welt passiert. Aber das, womit ich in Kontakt komme, ist nicht die »Welt«. Es gibt etwas im Netz selbst, ein grenzenloses und willensstarkes »Etwas«, das ich nicht sehen kann. Ich sehe nur, was ich zurückbekomme: eine Reflexion meiner selbst.

Ich lebe Auge in Auge mit meinem digitalen Zwilling.

Zwillingsleben

Manchmal höre ich meinen Zwilling nach mir rufen. Ich weiß, es ist eigentlich Einbildung. Mein Zwilling ist nicht mehr als eine Ansammlung von Datenpunkten. Aber manchmal kann ich den Lockruf dennoch hören.

Sie will mir etwas sagen. Wenn ich den Computer einschalte, tritt mir mein Zwilling entgegen. Sie und ich, was machen wir da eigentlich? Sie sieht mich und folgt mir in Echtzeit. Ist es ein Kräftemessen, ein Machtkampf? Wer kontrolliert hier wen?

Die mimetischen Eigenschaften des Internets tragen stark zu einer seltsamen Erfahrung bei, die wir manchmal machen, wenn wir mit intelligenter Technologie in Berührung kommen – das Gefühl, erkannt und bestätigt zu werden. Ich finde es höchst interessant, dass wir Menschen uns tatsächlich einbilden können, von unserer eigenen Technologie *gesehen* zu werden. Unsere Medien können etwas in uns triggern, das fast mit Verliebtheit vergleichbar ist. Und tatsächlich ist es von Verliebtheit zu Abhängigkeit weniger weit, als wir gerne glauben. In etwas derart reinzukippen, dass man die Selbstkontrolle verliert, ist ein Zustand, der aus Sicht des Gehirns dem Verliebtsein zum Verwechseln ähnlich ist. Mehrere Forschende gehen so weit, die Verliebtheit als eine *Version* der Abhängigkeit zu beschreiben, mit vielen identischen Symptomen.[62] In beiden Fällen zeigt der oder die Betroffene Anzeichen fehlender physischer und psychischer Selbstkontrolle; Euphorie und monotone Gedanken sind normal. Störungen im Appetit- und Schlafmuster können auftreten. Die betroffene Person kann Wut und Reizbarkeit zeigen, wenn das Objekt des Begehrens außer Sicht ist, und Depression, wenn es ganz verschwindet.

Die Ähnlichkeit zwischen Abhängigkeit und Verliebtheit ist vermutlich auch der Grund, dass verliebte Menschen die ganze Nacht wach bleiben und sich unterhalten können. *Love is a drug*: Sie sind *naturally high*.

Wenn also das Gehirn erzählen würde, wie der Mensch der Nullerjahre und das Internet einander kennengelernt haben, könnte das leicht die Form einer Liebesgeschichte annehmen. Einer Liebesgeschichte, die jedoch relativ schnell unromantisch wird – meine Damen und Herren, darf ich vorstellen: der Neurotransmitter Dopamin. Die Verlockungen des Internets werden für das Gehirn schnell zur Gewohnheit, und irgendwann brauchen wir höhere Dosen, um die gleiche Wirkung zu erzielen. Wenn die Dopaminproduktion des Gehirns gestört wird, kann sich das auf das gesamte Lebensgefühl auswirken, auch außerhalb des Bildschirms. Das Leben als Ganzes wird grauer, die Lebenslust gedämpft. Es wird schwieriger, Dinge zu finden, auch offline, die auf lange Sicht dieselbe Begeisterung auslösen können, die man früher empfunden hat.

In der Galleria Nazionale d'Arte Antica in Rom hängt Caravaggios berühmtes Gemälde *Narciso*. Der italienische Künstler malte es zwischen 1597 und 1599 und zeigt uns einen jungen Mann, über dem eine bedrückende Finsternis hängt. Sein Gesicht verharrt regungslos über dem schwarzen Wasser. Der Junge auf dem Gemälde lehnt sich über die Wasseroberfläche, während er sich mit beiden Armen am Ufer abstützt, sodass sein Oberkörper einen Halbkreis bildet. Dieser Halbkreis wird von der Wasseroberfläche widergespiegelt. Wenn man das Gemälde aus einiger Entfernung betrachtet, sieht man seine Haut vor dem dunklen Hintergrund aufleuchten, und eine Formation tritt aus der schwarzen Leinwand hervor: Narziss ist ein geschlossener Kreis.

Beim Betrachten dieses Porträts finde ich, dass es, besser als jede Diagnose es könnte, ein menschliches Rätsel einfängt. Caravaggio hat keinen Halbpsychopathen oder eitlen Narzissten gemalt. Er hat *den abhängigen Menschen* gemalt. Einen Menschen, der nicht aus sich selbst herausfindet.

Ovid schildert die Begegnung als wahres Schicksalsdrama. Narziss lehnt sich über das Wasser – und sieht »zwei Zwillingssterne«: seine eigenen Augen. In diesem Moment erwacht in ihm ein »anderer Durst«, und ein seltsames Nachahmungsspiel beginnt. Er streckt die Arme aus, der andere streckt sie zurück. Er lächelt, bekommt ein Lächeln zurück. Narziss sieht und wird gesehen, »zugleich entzündet und brennt er«.

Dieser *loop* – wenn ich mir diesen Begriff aus dem Silicon Valley ausleihen darf – wiederholt sich, wenn wir der mimetischen Technologie des 21. Jahrhunderts Auge in Auge gegenüberstehen. Es fühlt sich an, als würden wir sehen, suchen und brennen. Aber zugleich – so funktioniert die Aufmerksamkeitsökonomie – werden auch unsere Sinnesressourcen gesehen, gesucht und verbrannt.

Wie Narziss bilden auch wir einen geschlossenen Kreis.

Narziss erkennt selbst das Selbstzerstörerische seiner Zwangshandlung. Was er begehrt, ist er selbst: »Zum Darbenden macht mich der Reichtum.« Jede Sekunde der Befriedigung muss mit einem kleinen Stück seines eigenen Lebens bezahlt werden.

So funktioniert die grausame Logik der Abhängigkeit. Der abhängige Mensch konsumiert im Grunde genommen sich selbst.

Abhängigkeit ist einfacher zu erkennen, wenn sie sich in Krämpfen und Entzugserscheinungen äußert. Dann kann der Abhängige wie ein Aussätziger isoliert oder auf Entzug geschickt werden. Aber wahrscheinlich sind es nicht die extremen Formen wie *gaming disorder* oder Internetabhängigkeit, die unsere Gesellschaft am meisten verändern. Es ist die milde oder moderate Verhaltensabhängigkeit – denn die ist *normal.* Die Abhängigkeit, die sich täglich in 500 Millionen Tweets, 350 Millionen Facebook-Beiträgen und 97 Millionen Instagram-Posts zeigt. In neuen Begriffen wie *tinder swiping addiction, binge watching, fomo.* Oder in einer neuen Serie, einer neuen Staffel, die unseren Alltag mit betäubendem Begehren erfüllt.

Durchschnittlich verbringen Online-Nutzerinnen und -Nutzer weltweit täglich 6 Stunden und 42 Minuten im Internet.[63] Es ist normal geworden, dass unser Smartphone abends das Letzte ist, was wir sehen, und morgens das Erste. Unsere ganze Kultur ist praktisch abhängig.

Forscherinnen und Forscher sind dabei, die enge Sichtweise zu verlassen, laut der Abhängigkeit lediglich als physische und chemische Reaktion auf ein Gift oder einen Reiz verstanden wird. Ein Psychologe wie Bruce Alexander betrachtet Abhängigkeit als eine Art Bindungsstörung.[64] Abhängigkeit lindere das Gefühl der Abspaltung und sozialen Auflösung, sagt er. Er geht davon aus, dass alle Formen der Abhängigkeit etwas gemeinsam haben, in dem Sinne, dass sie eine *Beziehung* darstellen. Eine Beziehung, die das Gefühl der Leere, der Hoffnungslosigkeit, der Isolation und der Entfremdung kompensieren soll. Solche Gefühle sind nicht nur bei einsamen Menschen vorhanden, sie sind Teil des Menschseins an sich.

Es ist eine größere Landschaft der Abhängigkeit, durch die wir uns bewegen, wenn wir die Beziehung des 21. Jahrhunderts zum suggestiven Internet verstehen wollen. Carl Gustav Jung beschrieb Abhängigkeit als fehlgeleitete Spiritualität, ein Verlangen, in etwas aufzugehen, das größer ist als man selbst. Seine Gedanken zur Abhängigkeit bildeten die Basis für die Gründung der Anonymen Alkoholiker. »Seine Sucht nach Alkohol entspricht auf einer niedrigeren Stufe dem geistigen Durst des Menschen nach Ganzheit, in mittelalterlicher Sprache: nach der Vereinigung mit Gott«, schrieb Jung in einem Brief an Bill Wilson, den Gründer der Organisation. Offenbar sind es immer noch diese beiden Dinge, die Wirkung zeigen, wenn Menschen sich in Abhängigkeit selbst verloren haben: religiöse Umkehr oder einfach mit anderen Menschen in einer Gruppe zu sein.

Ganz sein, eins sein. Die Mediennarkose bietet etwas Ähnliches. Die existenzielle Einsamkeit, die der Mensch historisch durch Religion oder Zusammensein in einer physischen Gruppe gelindert hat, kann im 21. Jahrhundert durch die Medienbeziehung betäubt werden. Die von mir skizzierte Version des Narziss steht in Kontakt mit der ursprünglichen Bedeutung des Namens. Denn eigentlich ist der Jüngling nach einem Zustand benannt – *Betäubung* (im Griechischen: *narke*). Seitdem hat das Wort Ableitungen in neuen Zuständen erfahren: *Narkose*, *Narkotika* oder die Schlafkrankheit *Narkolepsie*.

Narziss, der Betäubte. Niemals ganz wach, niemals ganz frei.

Das bedeutet nicht notwendigerweise, dass sich Abhängigkeit in Form einschläfernden Konsums äußern muss. Abhängigkeit neigt vielmehr dazu, jegliche Form von Ungleichgewicht und Tunnelblick zu verstärken. Jaron Lanier, der als der Vater des Begriffs *virtual reality* gilt, verortet den Grund dafür, dass sich unsere heutige Welt so »dunkel und verrückt« anfühlt, in der Beobachtung, dass im Moment enorm viele Menschen eine andere Persönlichkeit annehmen, und das zur gleichen Zeit. Ein Kennzeichen der Abhängigkeit sei nämlich *Verhaltensänderung*.

> Ein Süchtiger kann versuchen, seine Sucht zu verheimlichen, vor allem vor sich selbst. Doch in vielen Fällen ist sie offensichtlich, denn seine Persönlichkeit verändert sich. Der Lebensrhythmus eines stark abhängigen Menschen wird bestimmt von einem nervösen, zwanghaften Jammern über seine Situation – immer fühlt er sich benachteiligt und sehnt sich nach Bestätigung. Ein süchtiger Mensch wird ängstlich, seltsam fokussiert auf ominöse Ereignisse, die andere nicht sehen können. Er ist egoistisch, so beschäftigt mit seinem eigenen Zyklus, dass er kaum Zeit hat wahrzunehmen, was andere fühlen oder denken. Er zeigt eine gewisse Arroganz, einen Fetisch für Übertreibungen, der allem Anschein nach überdecken soll, dass er zutiefst unsicher ist. Eine persönliche Mythologie ergreift Besitz von ihm. Er sieht sich selbst als grandios, und je tiefer er in die Abhängigkeit rutscht, desto unrealistischer wird sein Selbstbild.[65]

Das klingt förmlich danach, als hätte Lanier in einem Diagnosehandbuch nachgeschlagen und die klinischen Merkmale eines Narzissten aufgezählt.

Aber der Begriff »Narzissmus« wird von ihm mit keinem Wort erwähnt. Auch nicht, als er Donald Trump charakterisiert, den er mehrmals getroffen hat. Lanier meint, Trumps Verhängnis habe darin bestanden, dass er Twitter-abhängig wurde, worauf er gänzlich die Kontrolle verlor und begann, andere zu mobben, da er sich selbst als Opfer fühlte. Denn ganz gleich, wie viel Macht er auch anhäufte, war »seine Abhängigkeit immer mächtiger«.

Auch dies ist Narziss. Der Mensch, der sich, total und fatal, in ein lebendiges Bild verliebt. »Was, Leichtgläubiger«, ruft Ovid seinem eigenen Protagonisten zu, »strebst du vergebens nach flüchtigem Scheinbild? | Nirgends ist, was du begehrst; sieh weg, und es flieht das Geliebte; | Schatten ist, was du gewahrst, vom widergespiegelten Bilde!«

Menschen haben sich schon immer vor Bildern niedergekniet und sie später von ihren Podesten gestürzt. Im Laufe der Geschichte haben sogenannte Bilderstürmer, Ikonoklasten, alte Götter durch neue ersetzt, indem sie Mosaike und Bilder zerschmetterten oder Statuen in Flüsse warfen. Es ist kein Zufall, dass die Wörter »Idol« und »Ikone« ursprünglich »Bild« bedeuten. In Ermangelung eines Gottes, an den man glauben kann, beginnt der Mensch, Bilder seiner selbst anzubeten.

In der »säkularen« westlichen Welt ist eine nahezu pathologische Bilderverehrung berühmter Menschen an die Stelle der Religion getreten. Wir nennen sie, fast niedlich, Stars. Als ob sie, wie die Götter früher, im Himmel wohnten.

Das Silicon Valley, das Tal der Götter. Hier wird die Medienmacht verwaltet, eine Machtform, die der Macht religiöser Institutionen ähnelt. Die frühe Susan Sontag verfolgte einen ähnlichen Gedanken: »Bilder verzaubern. Bilder betäuben«, schrieb sie, aber sie verband die Macht der Bilder mit dem Kapitalismus, nicht mit Gott. Die Mission des Kapitalismus bestand darin, die Menschen davon zu überzeugen, dass »freier Zugang zu Bildern« wichtig sei. So konnte man uns dazu überreden, zu vergessen, was politische Freiheit wirklich bedeutete. Die Freiheit des Bilderkonsums wurde mit der Freiheit an sich verwechselt.[66]

Narziss ist in unserer bilderbetäubten Zeit ein ganz natürlicher Wiedergänger. Narziss geht aus der Aufmerksamkeitsökonomie, einer Wirtschaftsform, deren Produkt und Opfer er ist, als der selbstverständliche Gewinner hervor.

Wir alle, die wir im Zeitalter der Echo leben, haben zu einem gewissen Grad Narziss' Erfahrung gemacht. Der visuelle Kapitalismus des Silicon Valley hat uns durchdrungen. Wir sind verbrannt, geradezu ausgebrannt, von einer Liebe, die sich nicht ganz freiwillig anfühlt. Umschlossen von medialem Augenflimmern und Ohrensausen führen wir ein Zwillingsleben.

Medien sind eine Erweiterung von uns selbst, sie *sind* wir selbst.

Der Narziss des 21. Jahrhunderts ist ein modernes Fabelwesen: halb Mensch, halb Bild.

American Psycho

Hatten Sie vielleicht einen ganz anderen Narziss erwartet, eine kältere und kontrolliertere Gestalt? Vom jährlichen World Narcissistic Abuse Awareness Day hatte ich Ihnen ja bereits erzählt, und vielleicht haben Sie eines der vielen Bücher oder Artikel zum Thema gelesen, oder Sie abonnieren einen Podcast, in dem darüber gesprochen wird, wie gefährlich es sein kann, in einer Beziehung mit einem Narzissten zu landen. Womöglich kennen Sie sogar selbst eine Narzisstin, die Sie verletzt hat.

In der US-amerikanischen Auslegung begegnen wir zumeist dieser Form des Narziss. Einer Person mit einer manipulativen Maske über einem berechnenden Inneren. Doch im Internet-Zeitalter sind wir alle ein wenig zu Amerikanerinnen und Amerikanern geworden, und wenn wir in der Zeitung den Test »Ist dein Partner/Chef ein Narzisst?« machen, ist es genau dieser Mistkerl, der uns präsentiert wird.

Es war ein bestimmtes Buch, durch welches die Idee einer Epidemie »kalter« Narzissten ihren Eingang in die amerikanische Kultur fand: *The Narcissism Epidemic*. Ein enorm einflussreicher Bestseller aus dem Jahr 2009, geschrieben von einem Professor und einer Professorin für Psychologie, W. Keith Campbell und Jean M. Twenge. Das Buch enthielt jede Menge interessanter Forschungsergebnisse und treffender Beobachtungen, führte aber auch zu Auslegungen, die nicht gerade zum Verständnis der »Epidemie« beitrugen.

Der Narzissmus, so stellten die beiden fest, habe in der amerikanischen Bevölkerung innerhalb von zwei Jahrzehnten um ganze 30 Prozent zugenommen.[67] Als Hauptüberträger dieser Infektion wurden die sogenannten Millennials identifiziert, also grob geschätzt diejenigen, die heute zwischen Ende zwanzig und Anfang vierzig sind. Mit dieser Generation war etwas schiefgegangen. Sie fühlten sich »wichtig« und meinten, reich und berühmt werden zu können, ohne dafür arbeiten zu müssen. In ihrer Kindheit hatte man ihnen eingeprägt, dass sie etwas Besonderes seien; Eltern hatten ihre Kinder »Prinzen« und »Prinzessinnen« genannt. Und somit hatte man den Schlamassel: eine ganze Generation von Narzisstinnen und Narzissten.

Das Urteil über die damaligen Teenager war hart, das war das eine. Aber abgesehen davon, dass Twenge und Campbell auf einen *Anstieg* des Narzissmus aufmerksam machten, begann der Narzisst in ihrer Darstellung mehr und mehr die Merkmale eines Psychopathen anzunehmen.[68]

Eine der langen historischen Debatten über Narzissmus dreht sich nämlich um folgende Frage: Was ist das Problem des Narzissten? Zu viel Selbstbewusstsein oder zu wenig? Letzteres, meinte Sigmund Freud. Die narzisstische Psyche entstehe aus einem Defizit in der Identitätsbildung des Kindes, glaubt man in der Psychoanalyse. Wenn es dem kleinen Wesen nicht gelungen ist, Selbstliebe zu entwickeln, kompensiert es dies mit einem aufgeblasenen Selbstbild. Der Narzisst fühlt sich also vor allem leer und leidet nicht etwa an Selbstverliebtheit, sondern an einem Mangel an Selbst. Solch ein Mensch konnte einem eigentlich leid tun. Solch ein Mensch war es wert, gerettet zu werden. Die Heilung lag darin, gesehen und verstanden zu werden. So konnte der verletzte Mensch in Gemeinschaft mit anderen geheilt werden.

Diese Ansicht hatte nun ausgedient.

In einem Video auf YouTube sieht man, wie Jean Twenge auf einer Bühne steht und den Mythos vom Selbstbewusstsein des Narzissten in der Luft zerfetzt. Wie sicher sie sich ihrer Sache zu sein scheint:

> Haben Narzissten ein ausgeprägtes Selbstbewusstsein oder ein mangelndes Selbstbewusstsein – sind sie im tiefsten Innersten eigentlich unsicher? Dies ist eine der faszinierenden Fragen, die seit Hunderten von Jahren gestellt werden. Und jetzt haben wir endlich eine Antwort auf diese Frage, (...) und es stellt sich heraus, dass sich Narzissten in ihrem tiefsten Inneren einfach nur für *awesome* halten![69]

Ein klarer Fall, Twenge zufolge. Der Narzisst glaubt tatsächlich in seinem tiefsten Inneren, er sei besser, klüger und schöner als alle anderen. Ich merkte, dass ich ein wenig enttäuscht war. Was war aus Ovids dürstendem Gefangenen geworden? In den Metamorphosen war Narziss verzweifelt und tiefgründig, während er hier als zufrieden und oberflächlich rüberkam. Was für ein Statusverlust: vom Halbgott zum glatten Soziopathen, und das nach nur einem einzigen YouTube-Video.

Damit wandten sich Twenge und Campbell von jahrhundertelanger qualitativer Forschung ab, während sich gleichzeitig eine gewisse moralische Panik ausbreitete: Die Epidemie wurde ja in ihrem Buch alltäglicher *und* gefährlicher zugleich. Eine ganze Bevölkerung, ein ganzer Kontinent, banal ausgedrückt, auf dem Weg ins Böse!

Mittlerweile scheint sich diese Stereotypie in der amerikanischen Populärkultur durchgesetzt zu haben. Narziss ist vom philosophischen Rätsel zu einer Art *American Psycho* geworden. Der postmoderne Narzissmus kann in milden oder gefährlichen Varianten auftreten, vor allem jedoch ist er moralisch verwerflich und eine allgegenwärtige Krankheit, die überall und in jedem Menschen ist. Ja, abgesehen natürlich von Ihnen selbst.

Ich bin keine Expertin und möchte mir kein Urteil darüber anmaßen, welche Symptome eine korrekte Diagnose beinhalten müsste. Da schlüpfe ich lieber in die Rolle der Närrin, die mehr fragen kann, als sieben Weise beantworten können:

Ist das Problem unserer Zeit tatsächlich übertriebenes Selbstbewusstsein? Wenn die Ursache des Problems in einem Zuviel an ungesundem Selbstbewusstsein liegt, verbirgt sich dann nicht in der Vorstellung einer narzisstischen Epidemie an sich ein Paradoxon? Wenn Narzissten durch und durch selbstsicher sind, wie könnten sie sich dann so leicht von anderen anstecken lassen? Müssten Menschen, die sich einzig um sich selbst kümmern, gegenüber einer solchen Ansteckung nicht ziemlich ... immun sein?

Ich weiß noch, wie dieser Trend damals von Norwegen aus ausgesehen hat. Eine Frau in einem lila Kleid nahm an der Reality-Show *Extreme Makeover* teil, die auf TVNorge ausgestrahlt wurde.[70] Plastische Chirurgen, kosmetische Zahnärzte, Ernährungsexperten und Make-up-Artists sollten ihr dabei helfen, ihr Aussehen zu optimieren. Es war wichtig, dass sie von der Außenwelt isoliert lebte, während die *extreme Verwandlung* vor sich ging. In den Gesprächen zwischen ihr und dem Fernsehteam ging es ständig darum, wie schwach ihr Selbstbewusstsein sei und wie gut es sein würde, ein neues und STARKES Selbstbewusstsein zu bekommen.

Als es schließlich so weit war und sie ihre Verwandlung abgeschlossen hatte, sah man sie hinter einem Vorhang stehen, Familie, Freundinnen und Freunde warteten auf der anderen Seite. Ich erinnere mich an die Reaktion ihrer Familie, als der Vorhang aufging, wie sie lachten, aber auch weinten: »*Oh my god, is it really you?*« Und auch die Frau selbst, sie betrachtete sich im Spiegel, sie könne es »fast nicht glauben«, sagte sie und bedankte sich für die Hilfe, während sie unaufhörlich weinte.

Ein anderes Bild aus Norwegen, ungefähr aus derselben Zeit. Damals lag eine neue Website im Trend: deiligst.no, die norwegische Version der holländischen Seite *Hot or Not*. Jugendliche Userinnen und User posteten Bilder von sich selbst und bewerteten sich gegenseitig danach, wie »hot« sie waren. Ich streifte auf der Seite umher wie eine Spionin. Aneinandergereihte Torsos, Ausschnitte, Hüften – es war, wie durch einen Saal mit antiken Skulpturen zu wandern. Das Punktesystem war sadistisch. Ich erinnere mich immer noch an die Nullen, die unter einigen der Bilder leuchteten.

Wie stumpf und seltsam es doch wirkte – wie die Jugendlichen ihren eigenen Blick auf dem Handy erwiderten, mit schief gelegtem Kopf.

Und es durchfuhr mich: *Wie ähnlich sie einander sind.*

Das war die eigentliche Überraschung für mich.

Sie waren keine Narzisstinnen und Narzissten, sie taten nur so als ob.

Eine dritte Erinnerung, ein neues Wort: *humblebrag* (im Englischen bedeutet *humble* »bescheiden«, *to brag*: »prahlen, angeben«). Es wurde 2014 in den Oxford Dictionary aufgenommen. Im norwegischen Sprachgebrauch hat sich der Begriff als *snikskryt* durchgesetzt, wobei sich seine Bedeutung insofern gewandelt hat, als die Prahlerei nicht als »bescheiden«, sondern als »geschwindelt, *sneaky*« interpretiert wird. Er beschrieb ein, wie ich merkte, häufiges Phänomen in sozialen Medien: Hier haben wir jemanden, der gerne prahlt, es jedoch zu verbergen versucht.

Das Wort verwirrte mich. Denn in meiner Jugend war jede Form von Prahlerei als etwas Unschönes angesehen worden. Aber ich war der Meinung gewesen, das habe sich mittlerweile geändert, da die neue Etikette unserer Zeit doch geradezu nach ein wenig Eigenlob *verlangte*. Jetzt mussten Autoren ihre Bücher selbst bewerben und Künstlerinnen ihre Ausstellungen. Es wurde erwartet, dass man aus dem Privatleben berichtete, über berufliche Erfolge, gelungene Abendessen und bestiegene Gipfel. Die Aufmerksamkeitsökonomie hatte uns alle zu Teilzeitmitarbeitenden in der Marketingabteilung gemacht, denn die »alten« Strategien, die die Menschen früher einmal benutzt hatten, um sich sichtbar zu machen, etwa ein Augenzwinkern oder gar noch zurückhaltendere Gesten, hatten kein virales Potenzial. Sie mussten wegrationalisiert werden, zugunsten einer eindeutigeren Selbstdarstellung, um nicht zu sagen *self promotion.*

Aber dann kam dieses Wort, *snikskryt,* das mir sagte, dass es nicht so einfach war. Das Eigenlob musste anscheinend auf die richtige Weise geäußert werden, und dazu noch ehrlich sein, nicht *sneaky.* Das kam mir unverhältnismäßig streng vor. Jetzt musste man auch noch mit echtem Selbstbewusstsein prahlen.

Selbstverachtung oder Eigenliebe? Selbstvertrauen oder Selbstverlust? Die Wahrheit ist, dass in psychologischen Kreisen immer noch eine intensive und faszinierende Debatte darüber stattfindet, was die Diagnose des Narzissmus eigentlich beinhaltet. Die unterschiedlichsten Verhaltensweisen sind damit gelabelt worden. »Extroversion und schwacher Neurotizismus« gelten etwa als typisches Kriterium, genau wie »Introversion und starker Neurotizismus«.[71] Davon abgesehen wird eine Kultur, die die Diagnose des Narzissmus als Spiegel ihrer selbst benutzt, wohl oder übel mit dem kalten Hauch der malignen Variante leben müssen. Wenn das Wort »Narzissmus« auftaucht, denken einige an tiefe Ausschnitte und blondiertes Haar, andere an Massenmörder.

Narziss lässt sich nicht so leicht fassen.

Nach und nach fiel mir auf, dass die Jugendlichen auf deiligst.no Namen hatten. Sie konnten

Kjetil heißen oder Trine und kamen von Orten wie Horten oder Tromsø. Hinter ihnen konnte man ein Fußballplakat sehen oder ein unaufgeräumtes Regal. Bald würden sie vielleicht mit ihrer Familie zu Abend essen. Sie waren genauso schön und gewöhnlich wie andere Jahrgänge auch. Ich habe etwas daraus gelernt. Man sieht den Leuten von außen nicht an, ob sie Narzisstinnen oder Narzissten sind. Was man sieht, kann ebenso gut Narzissmus wie Modeerscheinung sein – reine Mimesis. Was man in diesem Fall diagnostiziert oder verurteilt, sind die kulturellen Ausdrucksformen anderer Menschen oder deren Geschmack.

Und ebenso wenig kann man wissen, wie es anderen wirklich geht, ob sie *full of themselves* sind oder, im Gegensatz, leer. Selbstvertrauen, was ist das eigentlich, und wie sollte es gemessen werden?

Auch nicht alle Bescheidenheit ist falsche Bescheidenheit. Manchen Menschen ist es unangenehm, sich selbst im besten Licht darzustellen, aber sie zwingen sich dazu, schließlich müssen auch sie in der Aufmerksamkeitsökonomie überleben. *Humblebragging*: ein Prahlen, das sich aber gleichzeitig selbst auf den Mund schlägt.

Und vielleicht ist es auch kein Zufall, dass Narziss dämonisiert wird, während er zugleich alltäglicher wird. Wenn er aufdringlich wird und uns zu nahe kommt, können wir uns keinen verständnisvollen Blick mehr erlauben. Der Dämon muss doch vertrieben werden! Narziss ist der Böse, und der Böse ist immer »der andere«.

So machen wir weiterhin Denkfehler, während die Kultur weiterhin Figuren hervorbringt, die wir gleichzeitig anziehend und abscheulich finden. Denn dass Narziss immer wieder auftaucht, hat einen Grund: Echo bringt ihn zurück.

Der Narziss des 21. Jahrhunderts betrat die historische Bühne genau in jenen Jahren, in denen das Silicon Valley sein Geschäftsmodell implementierte. Das zeitliche Zusammentreffen kommt mir nicht zufällig vor. Gemeinsam mit der Aufmerksamkeitsökonomie erhob sich die Forderung nach einem neuen Selbst, dessen Erfolg in Sichtbarkeit gemessen wurde. Dieses neue, sichtbare Selbst konnte, so versprach uns der Zeitgeist, durch eine Metamorphose – ein *extreme makeover* – erworben werden, die sich wundersamerweise nicht anfühlen würde wie ein Selbstverlust. Ganz im Gegenteil: Klick für Klick, Blick für Blick würde noch MEHR von dieser wunderbaren Substanz freigesetzt werden, die das Selbst war.

Sich selbst im Bild seiner selbst wiederfinden: Im 21. Jahrhundert ist der Mythos zur Propaganda geworden. Und Echo versteckt sich weiterhin im Schatten des Narziss, wie sie es immer schon getan hat. Wir wollen nicht vergessen, dass sie da ist. Echo ist Umgebung und Bedingung des Narziss, sie ist diejenige, durch die er sich für uns manifestiert. Durch ihre Verliebtheit wird er sichtbar, durch ihre Imitation verbreitet sich sein Bild. Hinter unserer scheinbar narzisstischen Kultur liegt ein begehrlicher Echoismus. »Gib mir etwas«, sagt er, »das größer ist als ich, etwas, in das ich eintreten, worin ich aufgehen kann.«

Die Echos des Narziss

Der mimetische Philosoph des Silicon Valley, René Girard, meinte, die Vorstellung von Narzissmus sei häufig eine Illusion. Für ihn war der Narzisst weder kälter noch selbstbewusster als andere. So etwas wie autonome Selbstliebe gebe es ohnehin nicht, behauptete er; dafür sei der Mensch schlicht und einfach nicht unabhängig genug. Was wir als Narzissmus bezeichnen würden, sei eigentlich nur eine Variante des mimetischen Begehrens.

Das mimetische Begehren hatte eine Wendung erfahren. Anstatt eines externen Modells, das er imitieren konnte, hatte der Narzisst sich selbst zum Modell gemacht und somit eine gequälte Seele geschaffen. Egal, wie sehr er sich bemühte, sich selbst nachzuahmen, blieb das Modell ihm innerlich fremd und unerreichbar.[72]

Der sogenannte Narzisst – oder *Pseudonarzisst*, wie Girard sich gern ausdrückte – ist auf die Menschen in seiner Umgebung angewiesen. Fallen sie auf den Bluff seiner Selbstliebe herein, werden sie anfangen, seine Selbstbewunderung zu imitieren. So sind zu allen Zeiten »narzisstische Kulturen« entstanden und Kulturen, in denen Narzissten Führungspositionen einnehmen.

Girard weist darauf hin, dass dieser Kreislauf der Imitation zu einer fragilen Situation führt. Im dem Moment, in dem alle die Aufmerksamkeit auf sich ziehen, fällt der sogenannte Narzisst, der natürlich ebenso sozial abhängig ist wie alle anderen, wie ein Soufflé in sich zusammen.

Die psychologischen Mechanismen, die Girard hier beschreibt, handeln von Imitation und Beziehung und haben wenig mit *American Psycho* zu tun. Das Verhältnis zwischen dem Selbst und dem Modell ähnelt eher dem Kampf zwischen dem klassischen Narziss und seinem Wasser-Zwilling, dem verwirrten Jungen, der von seinem eigenen Bild besessen und betrogen wurde. Auch zwischen diesen beiden findet ein Nachahmungsspiel statt, bei dem unklar ist, wer wen kontrolliert.

Das Phänomen unseres Parallellebens im Internet ist immer noch ziemlich neu. Erst 2017 wurde »Selfie« etwa in den Duden aufgenommen. Aber heute ist das Selfie die mit Abstand gebräuchlichste Form des Fotos, mit gigantischen 130 Millionen Postings pro Tag und 47 Milliarden Selfies pro Jahr.[73] In Kombination dieser Selfies mit unseren übrigen Bildern und Posts entsteht eine Onlinepersona, eine historisch neue Art und Weise, auf dieser Welt zu existieren.

Unsere Onlinepersona ist mit uns identisch – und ist es zugleich auch nicht. Am stärksten spüren wir die Diskrepanz, wenn sich die *Onlinepersona* in Situationen wiederfindet, die unser physischer Körper nicht selbst gewählt hat. Zum Beispiel, wenn die Onlinepersona im Rahmen eines Identitätsdiebstahls auf Abwege gerät, in Rache-Pornos veröffentlicht wird oder in einem Shitstorm landet. Nachdem die Gewalt in einer Dimension stattfindet, in der der Körper de facto nicht existiert, kann der Schmerz in solchen Fällen schwer zu bewältigen sein. Auf ähnliche Weise überproportional ist auch das *love-bombing*, das unserer Onlinepersona widerfährt. Lob, Likes und Herzen regnen in Kaskaden über sie herein. In solchen Momenten ist die Diskrepanz so angenehm, ja berauschend, dass wir bereit sind, die »Irrealität« der Situation zu vergessen.

Soziale Medien sind imstande, unserem äußeren Bild, unserem Image, oder, um Girards Begriff zu verwenden, unserem Modell, mehr Kraft zu verleihen. Und hier, stelle ich mir vor, liegt der Keim für Dissoziation.

Schritt für Schritt fange ich an, mich mit dem Bild zu vergleichen, das »da draußen« von mir existiert. Wie viel fantastischer dieses Bild im Vergleich zu mir doch ist! Ist das Bild nicht eigentlich mehr wert als ich selbst, wo es doch so viel Aufmerksamkeit bekommt? Sollte ich nicht einfach versuchen, dem Bild ähnlicher zu werden?

Je mehr solche Fragen ich mir stelle, desto rascher bewege ich mich auf einen Punkt zu, an dem das Bild und ich den Platz am Steuer tauschen. Ich werde zur Verlängerung meines Bildes, nicht umgekehrt. Irgendwann könnte es passieren, dass ich anfange, mein eigenes Bild zu imitieren – ähnlich wie Girards Narzisst sein eigenes, unwirkliches Modell imitiert. Und je mehr Kraft ich auf das Modell übertrage, desto mehr werde ich zu »niemandem«, während das Bild zu »jemandem« wird.

So erschafft Echo in mir einen Narziss. Mein mimetisches Begehren beginnt sich in einem *loop* zu bewegen, und ich werde zu meinem eigenen unerreichbaren Rivalen.

Nun glaube ich nicht, dass solche Prozesse bewusst ablaufen. Gleichzeitig können sie absurde und überaus konkrete Auswirkungen haben, wenn ich etwa von einem Trend lese, nach dem junge Frauen ihre Gesichter mithilfe von plastischer Chirurgie an bestimmte Snapchat-Filter anpassen lassen. Filter, die die Augen größer machen, die Nase unsichtbar und darüber hinaus alles glätten, was als unvollkommen empfunden werden mag. Psychologinnen und Psychologen nennen das Phänomen *Snapchat-Dysmorphie*.

Die narzisstische Welle der Nullerjahre lässt sich meiner Meinung nach nicht durch erhöhten Egoismus oder übertriebenes Selbstbewusstsein erklären. Es geht um die Eigenkraft des Mediums. »Narzissmus« erzählt von einer existenziellen Verschiebung zwischen Mensch und Medium, aufgrund deren der Mensch sich selbst in immer größerem Maße mit seinem eigenen Bild verwechselt.

Lässt sich der Selbstverlust, den ein Individuum durchleben kann, auf eine ganze Gesellschaft umlegen?[74] In diesem Sinne wäre der Begriff einer »narzisstischen Kultur« weniger verurteilend zu interpretieren, denn dann wäre die Rede von einer Kultur, die in erster Linie auf der Suche nach sich selbst ist. Zwar findet die Suche offensichtlich an der falschen Stelle statt, denn weder Individuum noch Gesellschaft werden sich selbst finden, indem sie in den Spiegel starren. Aber eine solche narzisstische Kultur würde man nicht als gefühlskalt oder böse bezeichnen, lediglich als *auf Irrwegen*.

Diese 47 Milliarden Selfies – wir scheinen nach etwas zu suchen.

Gibt es mich? Bin ich wichtig? Wer bin ich?

So viele Selfies, so wenige Antworten.

In René Girards Schriften über Narzissmus wird Echo mit keinem Wort erwähnt. Wie seltsam! Selbst für ihn, den Philosophen, der die Nachahmung als grundlegenden sozialen Trieb des Menschen ansah, verharrte die Nymphe im toten Winkel. Denn ohne Echo ist Narziss doch nicht mehr als ein isoliertes Rätsel, eine kulturelle Abweichung. Wie sollen wir auf solche Weise narzisstische Kulturen erklären?

Dass diese beiden Kräfte in uns koexistieren und miteinander verbunden sind, zeigt sich meiner Meinung nach am deutlichsten in der Jugendkultur. Teils, weil sie in der Jugendzeit am stärksten wirken. Aber auch, weil Jugendliche im Gegensatz zu Erwachsenen oft so erfrischend ehrlich sind. Der Instagram-Feed junger Teenager ist häufig die reinste Demonstration des Zusammenspiels von Echo und Narziss. In einem Moment schlüpfen sie in die Rolle des Blickfangs und Klicksammlers. Im nächsten schließen sie sich dem Chor der Echo an und werden zu einer der Tausenden Stimmen, die »schön!«, »*hot!*« oder »*pretty!*« rufen. Teenager wechseln dabei ziemlich nahtlos zwischen Ruhm und Fankult – aber selbstverständlich lässt sich hierbei ein gewisser psychischer Stress nicht vermeiden, denn der Druck, der heutzutage auf Jugendlichen lastet, ist enorm.

In der Architektur der Aufmerksamkeitsökonomie aufzuwachsen, beeinflusst zweifellos die Identitätsbildung von Kindern und Jugendlichen. Heutzutage werden Dreizehnjährige, die mehr als 1000 Follower in sozialen Medien haben, systematisch von Sponsoren kontaktiert, um ihnen Deals anzubieten, wenn sie sich bereit erklären, ihren Followern gegenüber gewisse Produkte zu bewerben. Denn in der Aufmerksamkeitsökonomie sind Kinder mehr als nur *eyeballs*. Sie sind

Influencer in spe: Ihr Alter macht sie besonders attraktiv, da ihre Follower zu den besonders beeinflussbaren Usern gerechnet werden.

Gerade im Influencer manifestieren sich heute viele der Merkmale von Echos Epoche. Influencer sind rein mimetische Figuren. Ihrem Namen entsprechend sind sie kommerzielle Überträger möglichst viralen Inhalts. Kürzlich habe ich in der Online-Community Jodel einen Post gesehen: »Jetzt habe ich genug Angst, um selber Influencer zu werden.« Und ich dachte: Dass Influencer über ihre Ängste sprechen, während sie gleichzeitig irgendwo den Namen einer Bräunungscreme oder eines Zahnaufhellungsprodukts einstreuen, ist mittlerweile so alltäglich geworden, dass es im Grunde wie ein Witz rüberkommt. Ein Witz, den jede und jeder versteht.

Der Witz verleitet zur Annahme, dass der Influencer in seiner Angst posiere. Aber die interessante Frage ist meiner Meinung nach nicht, ob diese Angst kalkuliert ist. Die eigentlich interessante Frage ist: Warum gibt es einen derart großen Markt für so viele Influencer, die Angst verkaufen?

Vermutlich sagen die meisten Influencer die Wahrheit, wenn sie von ihren Ängsten sprechen. Sie arbeiten an vorderster Front der Aufmerksamkeitsökonomie und sind Werbung aus Fleisch und Blut. Der Schmerz, der dadurch verursacht wird, ist offensichtlich etwas, das viele Jugendliche in sich wiedererkennen. Vielleicht haben sie selbst eine Art innere Verbindung zwischen Schönheitstipps und Panikattacken erlebt. Wir alle haben die traurigen Statistiken über die psychische Gesundheit von Jugendlichen aus den letzten zehn Jahren gesehen. Angst nimmt zu, Selbstverletzung nimmt zu, verschiedene Formen der Abhängigkeit nehmen zu, Essstörungen nehmen zu, Einsamkeit nimmt zu, Burnout nimmt zu. Diese jährlichen Zunahmen haben übrigens genau in dem Jahr begonnen, als das Smartphone auf den Markt kam.[75]

Sich wie niemand fühlen, sich wie jemand fühlen. Die Aufmerksamkeitsökonomie bringt extreme psychologische Kontraste hervor. Das fragile Selbstbild der Jugend ist eine Milliardenindustrie. Und kein Erwachsener ist wirklich imstande, etwas dagegen zu tun.

Krönung und Opferung

Je mehr ich meine Angst vor dem Narzissten ablege, desto stärker wird meine Neugierde, mehr über die Größe dieses Wesens zu erfahren. Denn wie ist Narziss so überdimensional geworden? Wovon ernährt er sich? Ist es denkbar, dass Narziss für unsere Kultur eine Aufgabe erfüllt?

Zu Beginn von Trumps Präsidentschaft schienen alle wie gelähmt.

Es kursierten Geschichten über ihn, Leaks aus dem Weißen Haus, die besagten, er sitze nachts stundenlang vor dem Fernseher und betrachte sich selbst. Ohne Ton, wieder und wieder.

Als Narzisst war Trump fast zu *real.* Während seiner gesamten Amtszeit kämpfte er verzweifelt darum, sein inneres Modell am Leben zu erhalten. Sein Bild von sich selbst als geliebtem König, *grand, great,* ein »stabiles Genie«. Er führte das Weiße Haus wie ein Medienunternehmen. Sein Stab musste sich lobend über ihn äußern, ansonsten wurde man entlassen wie Teilnehmende an einer Reality-Show. Und die einzige Institution, für die er wirklich brannte, obwohl sie ihm zur gleichen Zeit zutiefst verhasst war, war die amerikanische Presse, *the fake news.* Die Presse wollte ihn vernichten. So sah er es jedenfalls, sie tat nichts, als beständig auf der Tatsache herumzuhacken, dass sein Modell und er größenmäßig nicht übereinstimmten. »Das Modell, das du siehst, sehen wir nicht. Das Modell bist nicht du.«

Auch ich, wie viele andere, starrte ununterbrochen auf Trump. Konnte das Phänomen nicht begreifen. Politische Erklärungen taugten nichts. Er begann einem Faschisten zu ähneln, zugleich schien ihm Politik nicht wichtig genug zu sein. Ja, er war Geschäftsmann, aber auch wirtschaftliche Argumente boten keine hinreichende Erklärung für sein Verhalten. Und gemessen an herkömmlichen Kriterien wie Wahrheit und Glaubwürdigkeit entzog er sich gänzlich jedem Verständnis. Die *Washington Post* hat die Gesamtzahl der

Lügen und irreführenden Aussagen gezählt, die er im Laufe von vier Jahren von sich gegeben hat: Man kam auf 30 573. Er log unverfroren von morgens bis abends. Warum? Wenn er mit einer seiner Lügen konfrontiert wurde, passierte immer dasselbe. Er wechselte sein Gesicht wie eine Maske, wechselte den Standpunkt, tauchte an einem dritten Ort wieder auf. Diese houdiniartige Verwandlung setzte die Öffentlichkeit von Anfang an außer Gefecht, denn es war schwer zu sagen, ob er unglaublich klug oder unglaublich dumm war.

Für mich ergab diese ganze Bizarrerie erst dann rationalen Sinn, als ich sie im Licht der Abhängigkeit betrachtete. Trump schien von einer unsichtbaren Macht gesteuert zu sein, die wir anderen nicht sehen konnten. Wer tatsächlich die Fäden zog, war ein narzisstischer Avatar, der komplexe Informationen, ja im Grunde die gesamte Realität filterte und all jene Elemente daraus entfernte, die sein idealisiertes Modell hätten in Gefahr bringen können. Die 30 000 Lügen waren für Trump keine Lügen, sie waren jene »Wahrheiten«, die nach der Filterung übrig geblieben waren und das Lebensnotwendige bestätigten: Du, Trump, bist dein perfektes Bild.

Alle sahen den Überlebenskampf, auch seine Anhängerinnen und Anhänger, glaube ich. Ein narzisstischer King Kong, der wild um sich schlug, während das Land um ihn herum der Auflösung anheimfiel. Aus jeder seiner Angebereien war sein Hilferuf herauszuhören.

Als er schließlich aus dem Amt gezwungen wurde, fühlten sich die vergangenen vier Jahre an wie ein böser Traum. Ich glaube, dass an dem Abend des Sturms auf das Kapitol wirklich allen klar wurde, dass er das Land in eine Realitätskrise geführt hatte. Aber so hatte er in gewisser Weise auch eine Aufgabe erfüllt, dort im Land der großartigen Fantasien. Vier Jahre lang hatte Trump die Post-Wahrheit verwaltet, die alternativen Fakten, die gefälschten Nachrichten und die Verschwörungsfantasien. Er hatte für eine Bevölkerung, die seit Jahren im Spannungsfeld zwischen Realität und Reality gelebt hatte, eine emotionale Wahrheit repräsentiert.

Vier Jahre lang hatte er für alle die Unwirklichkeit manifestiert.

Ich erinnere mich an ein Interview mit der norwegischen Bloggerin Sophie Elise Isachsen. Sie erzählte, sie leide unter einer bestimmten Art von Angst. Ein ziemlich seltenes Leiden, die Ärzte nannten es *Derealisation*. Und eines der Symptome dieser Störung, erzählte sie, sei das »Gefühl des Sehens«. Wenn die Symptome am stärksten waren, erlebte sie die Realität als eine Konstruktion, die nur sie allein durchschauen könne. Als befände sie sich in einem Videospiel und wäre »sehr nahe daran, etwas zu verstehen, was man nicht verstehen soll«. Eine andere Version dieser Störung trägt den Namen *Truman-Syndrom*, benannt nach dem Film *The Truman Show*, in dem der Hauptcharakter, gespielt von Jim Carrey, in eine Reality-Show hineingeboren wird und erst gegen Ende des Films erkennt, dass sein Leben nicht real ist.

Was »sieht« Sophie Elise?

In der Öffentlichkeit sagt Sophie Elise, wie ich finde, oft interessante Dinge über ihre eigene psychische Gesundheit, und als performative »Narzisstin« ist sie sowohl weniger gefährlich als auch reflektierter als Trump. Der radikale Versuch des Unmöglichen, nämlich ihr eigenes Bild zu werden, ist in gewisser Weise ihr Hauptprojekt. Seit mindestens einem Jahrzehnt problematisiert sie das destruktive Verhältnis zwischen ihrem unrealistischen Modell und sich selbst. Eine Beziehung, die sie als Abhängigkeit bezeichnet. Sie sei abhängig von Operationen, Silikon, Botox und Melanotan (ein Selbstbräunungsmittel, auch bekannt als »*Barbie drug*«), darüber hinaus sei sie abhängig davon, all diese Prozesse zu dokumentieren. Sie gehe davon aus, dass ihr Selbstbild auf ähnliche Weise gestört sei wie zum Beispiel bei Patientinnen mit Anorexie, nur dass es für ihr Leiden keine Diagnose gebe. Häufig, berichtet sie, werde sie von einem Gefühl der Unwirklichkeit überwältigt.

Ihr Buch *Elsk meg* (Liebe mich) aus dem Jahr 2018 beginnt so: »Ich bin jemand. Ich bedeute etwas. Ich bin wichtig.« Diese drei Sätze wiederholen sich, wieder und wieder. Sie sind das literarische Leitmotiv des Buches. Ich höre Echos Stimme: eine Stimme, die so sehr darauf besteht, »jemand« zu sein, dass wir spüren, dass »niemand« gleich dahinter steht. Das Buch ist einem »Du« gewidmet, das vielleicht die Leserin oder der Leser ist: »Du sagst, du brauchst etwas anderes. Genau dieses andere werde ich sein.«

Die Erzählstimme sieht sich selbst als Echo, die jederzeit imstande ist, das andere zu reflektieren. Es ist, als beschriebe Sophie Elise den Aufbau ihrer eigenen Identität als mimetischen Prozess. Eine Frau versucht, ihrem künstlichen, unwirklichen Modell gerecht zu werden, und wir alle schauen ihr dabei zu.

Das Motto für Sophie Elises Blog lautete: »Fake Aussehen, echte Gefühle!« Eine präzise Produktbeschreibung und zugleich eine effiziente Zusammenfassung dessen, was das ganze Paradoxon des Medienzeitalters ausmacht. Wie ist es möglich, in einer künstlichen Welt authentisch zu leben? Das erinnert mich an etwas, das die Psychologin Sherry Turkle einmal geschrieben hat, nämlich dass das digitale Zeitalter eine ähnliche Beziehung zum »Echten« habe wie das viktorianische Zeitalter zum Sex. Das »Echte« wird zu etwas Ungelöstem und Unmöglichem, Tabu und Obsession zugleich. In einer unwirklichen Welt wird »Echtheit« zum Goldstandard. Sophie Elise versucht, das Paradoxon zu bewältigen, indem sie das Taubheitsgefühl unserer Zeit in ihrem eigenen Körper trägt, während sie uns zugleich Linderung der Unwirklichkeit verspricht, indem sie »echte Gefühle« garantiert.

Duckface, buttlift, facelift, Fettabsaugung, Silikon, Melanotan. Das ist Sophie Elises Job. Sie zeigt uns, wie gut sich all das verkauft und was es kostet.

Deshalb sind sie so groß, denke ich. Wir haben sie groß gestarrt.

Die Narzisse des 21. Jahrhunderts bleiben gleichermaßen als Idole wie als Hassobjekte in unserem Blickfeld, denn sie berühren ein unlösbares und unmögliches Dilemma unserer Gegenwart. Sie symbolisieren Betäubung, Abhängigkeit und Realitätsverlust, künstliche Körper und falsche Wirklichkeiten. Narziss tritt von einem Ort zwischen Realität und Fiktion auf und repräsentiert auf diese Weise ganze Bevölkerungsgruppen, die sich ebenso unwirklich fühlen.

Gestalten wie Narziss sind wie prädestiniert für Krönung und Opferung. Sie können von der einen Hälfte der Menschen geliebt und von der anderen gehasst werden. Welche Gefühle sie auslösen, spielt keine Rolle, solange sie in der Lage sind, unsere Blicke auf sich zu ziehen.

So können sich die kulturellen Spannungen unserer Gesellschaft entladen, ohne dass wir akzeptieren müssen, dass wir in Wahrheit auf uns selbst starren. Wir starren auf unsere eigenen »Sünden«, und zugleich haben wir etwas, vor dem wir unsere Kinder warnen können.

Die rosa Bloggerin und der orangefarbene Präsident.

Sie haben den Zeitgeist erfasst. Und der Zeitgeist sie.

Sei einfach du selbst

Der Mythos von Narziss erzählt von der Illusion, sich selbst in sich selbst finden zu können. Ein Mythos der Eitelkeit, aber auch des Suchens. Und ein Mythos, der die Lebenslüge des durchschnittlichen westlichen Menschen in sich birgt. Wir glauben fest an Autonomie, sogar als Massenware: Sei du selbst. Erschaffe dich selbst. Liebe dich selbst. *Be yourself. Think differently*. Grandiose »Lebensweisheiten«, die sich als existenzielle Unmöglichkeiten offenbaren – denn kein Mensch ist er oder sie selbst ohne andere.

Der Mensch des 21. Jahrhunderts empfindet Scham für seine Mimesis. Wir wollen nichts davon wissen, dass wir uns etwa an die Menschen anpassen, die sich mit uns im selben Raum befinden, dass wir uns an ihren Blicken orientieren, ihrer Mimik. Nur selten kommt es vor, dass sich Menschen gegen ihre Gruppe stellen und wirklich ketzerische Fragen äußern, die zur Ausgrenzung führen könnten. Der Grund dafür ist nicht nur Feigheit, sondern die Tatsache, dass wir soziale Wesen sind. Wir sind »Interdividuen«, wie

Girard es genannt hat. Wir entstehen in einem Raum zwischen uns selbst und anderen, nicht allein und in uns selbst.

Auf diese ganz konkrete Weise gehen wir aus einander hervor.

Wir Menschen erzeugen einander, ununterbrochen.

Einen Grund, weshalb Mimesis für uns derart unsichtbar ist, sieht der Philosoph Paul Dumouchel in der Tatsache, dass es sich bei Mimesis um keine Emotion handelt. Emotionen *fühlen* wir. Wir sind wütend oder glücklich, oder wir spüren, dass andere auf uns wütend sind oder uns mögen. Mimesis hingegen ist nichts, was wir erleben. Sie zeigt sich in Situationen, zum Beispiel wenn wir etwas lernen, jemanden bewundern, Eifersucht oder Kränkung empfinden. Aber sie selbst ist nicht sicht- oder erlebbar, das Gefühl tritt stets in den Vordergrund.[76]

Ein Team von Neurologen und Psychologen führte 2009 eine Studie über verschiedene Formen emotionaler Ansteckung durch und kam zu folgendem Schluss:

> Menschen scheinen innerhalb verblüffend kurzer Zeit in der Lage zu sein, die Gesichtsausdrücke, die Stimme und die Körpersprache anderer nachzuahmen, wodurch sie sich in das emotionale Leben anderer hineinversetzen können. Und dennoch sind sie sich

> offenbar keineswegs der Bedeutung bewusst, die Mimik und Synchronizität in Bezug auf soziale Begegnungen haben. Sie scheinen nicht zu wissen, wie schnell und wie umfassend sie Verhalten und Emotionen anderer nachverfolgen können.[77]

So grundlegend ist diese soziale Fähigkeit, dass wir sie gar nicht bemerken, bis die Mimesis eines Tages fehlt. Dann packt uns das blanke Entsetzen. In ein Paar Augen zu schauen, die aufrichtiges Desinteresse an uns ausdrücken, ist furchtbar. Ein nicht mimetisches Gesicht kann zwei Dinge bedeuten. Entweder, dass die andere Person völlig von der menschlichen Gemeinschaft abgeschnitten ist, oder noch gefährlicher: dass ich es bin.

Girard hatte etwas erkannt. Ein Prinzip, das sich seiner Meinung nach auf allen Ebenen des menschlichen Lebens wiederholte. Seine Theorie erklärte, wie der Narzissmus im einzelnen Individuum entsteht und sich ausbreitet, sie erklärte Götzenkult und Lynchgerichte. In Girards Universum ist es nur ein kurzer Weg vom Anhänger zum Verfolger. Eine extrem ambitiöse Theorie, die, wie man sagen könnte, den Menschen in eine Art negativen Kopismus einsperrt. Doch andererseits sprach Girard dem Menschen weder jede Autonomie ab noch war er der Ansicht, dass Mimesis ein ausschließlich negativer Trieb sei. Mimesis ist auch die Grundlage von Kultur und

Bildung und die Voraussetzung für Liebe. Trotz seines Fokus auf ihre oftmals negativen Folgen war Mimesis für Girard Trägerin von etwas immanent Gutem. Denn, wie er sagte: »Mimesis ist der Weg heraus aus sich selbst.«[78]

Die Schachzüge des Peter Thiel

Was heckt Peter Thiel jetzt gerade aus? Ich suche ihn, denn er kennt den Plan und die Antwort, Thiel mit seinen Sehenden Steinen in allen Ecken der Welt. Aber er scheint abgetaucht zu sein. Als Donald Trump fiel, war er aus der Nähe des Präsidenten verschwunden, zumindest auf Fotos. Fast könnte man meinen, er sei mit Trump fertig und brauche ihn nicht mehr.

Peter Thiel, der Girardianer. Vermutlich war ihm von Anfang an klar, dass die Welt auf eine mimetische Krise zusteuerte. Immerhin hatte er diese Krise selbst initiiert und konnte somit vorhersehen, was als Nächstes passieren würde. Wenn sich die Sache zuspitzte, würde die 99-Prozent-Mehrheit ein Opfer benötigen, um einen Bürgerkrieg zu verhindern. Dass die Menschen mit Sicherheit in Richtung der Gründer des Silicon Valley schauen würden, darüber hatte er selbst Vorlesungen gehalten. Thiel verstand auch, dass es leicht ihn selbst treffen könnte. Thiel brauchte ein *Surrogatopfer*, wie Girard es nannte.

In Trump fand er den perfekten Kandidaten. Er sah das Narrenhafte in ihm, wie er taktlos durch die Welt stolzierte, während er die »Sünden« eines ganzen Volkes trug. Dies war ein Mensch, der garantiert Zwietracht säen und zugleich nicht in der Lage sein würde, sich vorzusehen, weil er nur sich selbst sah. Einer, der leicht zu benutzen war und der die Fähigkeit hatte, die Menschen mit hypnotischer Kraft von der eigentlichen Macht abzulenken.[79]

Wenn ich Thiels Schachzüge im Rückblick betrachte, ergibt alles Sinn: Wie Facebook Donald Trump im ersten Wahlgang zur Macht verhalf. Wie Cambridge Analytica, das dunkelblaue Unternehmen mit dem edlen Namen, psychografische Profile von 87 Millionen ahnungslosen Facebook-Nutzerinnen und -Nutzern anlegte und sie an Trumps Kampagne verkaufte.

Denn mit wem hatte Cambridge Analytica beim Erstellen der Profile zusammengearbeitet?

Richtig. Mit Palantir.[80]

Amerikanischen Zeitungen zufolge sollen Thiel und Trump während Trumps Amtszeit mehrmals zusammen zu Abend gegessen haben. Worüber bei diesen Abendessen gesprochen wurde, ist nicht bekannt. Aber während der vier Jahre, in denen Trump an der Macht war, rückte Palantir in den Mittelpunkt des US-Überwachungsstaates.

Im Frühjahr 2019 erhielt Palantir von der US-amerikanischen Armee einen Auftrag im

Wert von 800 Millionen Dollar. Palantir unterstützt seitdem amerikanische Soldatinnen und Soldaten bei »Kriegen in entlegenen Gebieten«. Mit Drohnen, Spionage und der Analyse von *big data* kann das Unternehmen die kleinste Bewegung in jedem Busch, jeder Höhle, jeder Stadt und jedem Bett verfolgen. Während Trumps Amtszeit wurden zwischen der US-Regierung und Palantir mindestens neunundzwanzig Abkommen im Wert von insgesamt mehr als zehn Milliarden Dollar getroffen. Palantirs künstliche Intelligenz ist in alles, von Immigrationskontrolle über Abschiebungen und Familientrennungen bis zu *Homeland Security,* involviert.

Peter Thiel, der Schachspieler. Ist dies von Anfang an sein Plan gewesen? Wollte er 2016 Trump als girardianischen König aufbauen, um ihn 2020 als Sündenbock opfern zu können? Aus heutiger Sicht wirkt das geradezu einleuchtend. Einen König zu opfern, das klingt fast wie eine surrealistische Schachstrategie, denn wenn der König tot ist, ist das Spiel vorbei, nicht wahr? Aber ist das nicht genau das, was wir glauben sollen?

Thiel spielt eine Art Schach in drei Dimensionen, und das Opfern des Königs ist ein ausgeklügelter Zug. Jetzt, da der König geopfert ist, kann er das Spiel fortsetzen. Die Demokratie hat unheilbare Wunden davongetragen, der Kapitalismus kann freier fließen, und am wichtigsten: Es gibt keine klaren Grenzen mehr zwischen Thiels privatem Überwachungsimperium und dem amerikanischen Staat.

Somit ist der Ausgang des Spiels offen. Das Einzige, was sicher ist, ist, dass Thiels militärischer Einfluss auch nach Trump weiter wachsen wird.

Ich breite diese Fakten vor mir aus, als zeichnete ich Punkte auf ein Blatt Papier. Dann fange ich an, die Punkte in meinem Kopf zu verbinden. Und es ist wirklich unglaublich, wie beruhigend sich das anfühlt.

Der Schriftsteller Thomas Pynchon schreibt über das Gefühl der Unwirklichkeit, das in Zeiten aufkommt, in denen Lügen zur Norm werden. Wer hat recht, fragt Pynchon: Sind es die Paranoiker, die böse Verschwörungen und verborgene Agenden sehen? Oder sind es die Nihilisten, die das Signal im weißen Rauschen nicht hören wollen und überall nur Chaos und Zufälle sehen? Die Antwort sei keineswegs offensichtlich, schreibt er, denn bei dieser Frage gehe es auch ums Überleben: »Wenn etwas Tröstliches – Religiöses, wenn man will – in der Paranoia liegt, so gibt es doch auch eine Anti-Paranoia, in der nichts mehr mit irgendetwas anderem verknüpft ist, ein Zustand, den nicht viele von uns lange ertragen.«[81]

Ein Königreich für ein Signal im weißen Rauschen. Ein Königreich für ein wenig Paranoia zum Ausruhen.

DER WALD

Als der Dichter Ovid Narziss und Echo endlich aufeinandertreffen lässt, sind sie gerade in einem waldigen Gebiet »pfadloser Fluren«.

»Wer ist da?«, fragt Narziss.

»... da?«, antwortet Echo.

»Komm her!«, ruft Narziss.

»... her!«, antwortet Echo.

»Vereinen wir uns!«, ruft Narziss.

Und Echo antwortet und nimmt ihn beim Wort. Sie stürzt auf ihn zu, doch als Narziss sie vor sich sieht, ein leibhaftiges Wesen mit Gesicht und Körper und allem Drum und Dran, empfindet er Abscheu. *Reality bites*: zu lustig, zu lästig. Brutal stößt er sie weg.

Das Unbehagen in der Politik

Im Jahr 1930, als sich die Konflikte in Europa allmählich verschärften, machte Sigmund Freud eine Beobachtung: Die stärkste Aggression schien sich zwischen Gruppen bemerkbar zu machen, die einander ähnelten. Oft zwischen Nachbarvölkern, die viel gemeinsam hatten. In seinem Buch *Das Unbehagen in der Kultur* schlug er daher etwas scheinbar Unlogisches vor: dass der Drang zur Selbstbehauptung nicht von den großen Unterschieden hervorgerufen werde, sondern von den kleinen. Er nannte dieses Phänomen den »Narzissmus der kleinen Differenzen«; gerade weil sie so gering seien, würden Unterschiede in unserer Fantasie überhandnehmen.

Dass Staaten oder ethnische Gruppen Geschichten über ihre eigene moralische Überlegenheit erzählen, ist an sich kein neues Phänomen. Man bezeichnet sich als »auserwähltes Volk«, das bald *great again* sein werde. Aber in den letzten Jahren hat diese Art Selbstbehauptung einen Namen bekommen. Es wirkt so, als hätte die Diagnose des Narzissmus auch im politischen Bereich Einzug gehalten.

Der Begriff wird häufig im Zusammenhang mit der Alt-Right-Bewegung und ihrem Leitstern Donald Trump verwendet, aber ebenso oft wird auch die Identitätspolitik des linken Lagers als Bewegung »narzisstischer Feiglinge« und »sozialer Terroristen« beschrieben, die Politik zu einer Arena selbstgerechter Opferverehrung verkommen ließen.[82] Seit 2016 ist der Brexit von Wissenschaftlern und Kommentatorinnen gleichermaßen als Paradebeispiel eines »kollektiven Narzissmus« bezeichnet worden.[83] Und im Jahr 2020 erklärten zwei Professoren für Politikwissenschaft, Peter Hatemi und Zoltán Fazekas, Politik sei per definitionem etwas, das auf Narzissten eine besondere Anziehungskraft ausübe. Diese würden sich nicht nur von Führungspositionen im politischen Rampenlicht angezogen fühlen. Nein, narzisstische Punkte gebe es in jeder Form politischen Engagements zu holen, von Lobbyarbeit übers Unterschreiben von Volksbegehren und Kampagnen bis hin zur Teilnahme an Demonstrationen, Geldspenden oder schlicht und einfach zu der Handlung, wählen zu gehen.[84] Darüber hinaus äußere sich der Narzissmus in sämtlichen Bereichen des politischen Spektrums. »Insgesamt haben wir festgestellt, dass die linke und die rechte Seite gleichermaßen narzisstisch sind«, schrieben die beiden Forscher. Bemerkenswerte Unterschiede gebe es allerdings in der Art und Weise, wie sich der Narzissmus zeige. Auf der rechten Seite manifestiere er sich eher als egozentrische Anspruchshaltung (*entitlement*), während er auf der linken Seite stärker in Form von Exhibitionismus zum Ausdruck komme.

Forscherinnen und Forscher haben das Ihre dazu beigetragen, dass die Diagnose des Narzissmus im Übermaß verwendet wird. Zugleich haben sie etwas Reales beobachtet. Denn woher kommt dieses Gewimmel winziger Bürgerkriege, das uns in der öffentlichen identitätspolitischen Debatte umgibt? Der politische Drang zur Selbstbehauptung, die Sticheleien und Streitereien um vermeintliche Kränkungen? Das argwöhnische Schielen zum Nachbarn, die nach Luft schnappende Empörung und die Misstrauenskultur, die sich in der identitätspolitischen Gegenwart breitmacht? Warum?

Freuds Theorie des »Narzissmus der kleinen Differenzen« ist nie übers Skizzenstadium hinausgekommen. Drei Jahre später kam Hitler an die Macht, und Freud, der Jude war, musste nach London fliehen.

Das peinigende Spiegellabyrinth

Der indische Denker Pankaj Mishra hob das Rahmenwerk René Girards auf eine ganz neue Ebene, als er 2017 die mimetische Theorie benutzte, um einen globalen Statusbericht der Welt zu erstellen. Sein Buch trägt den Titel *Das Zeitalter des Zorns: Eine Geschichte der Gegenwart.* Der eigentliche Antrieb unserer konfliktreichen Gegenwart, behauptet Mishra, sei ein globales mimetisches Begehren: »ein hochgradig kompetitiver menschlicher Wunsch nach Konvergenz und Ähnlichkeit«.[85]

Eine globale mimetische Diagnose der Gegenwart also. Ich habe das Gefühl, als würde der indische Denker Girards Linse auf das uns umgebende Chaos richten und scharf stellen.

Denn während der Kapitalismus systematisch Ungleichheit produziert, werden wir zur selben Zeit von der Globalisierung in Richtung kultureller Gleichheit getrieben. Die Bewohnerinnen und Bewohner der Welt sind in einem universalen Wettbewerb gefangen, und hier vermutet Mishra die Wurzeln des globalen Zorns. Seit über zweihundert Jahren habe die Prämisse gegolten, die Kultur des Westens zur Kultur der Welt zu machen. Ebenso lange habe die grundlegende Erfahrung des globalen Menschen im Verlust von Unterschieden und Identität bestanden. Einige Gruppen fühlen sich als größere Verlierer als andere: Trumpisten in den USA, hinduistische Nationalisten, die von einem »reinen« Indien träumen, IS-Kämpfer, die den Westen hassen, und rechtsextreme Europäer, die sich als letzte Bastion der Weißen sehen. Nur sehr wenige verdienen an der Globalisierung. Der Rest spürt das *Ressentiment* wachsen, eine brodelnde Mischung aus verletztem Zorn, Neid und Minderwertigkeitsgefühl.

Ressentiment. Wer kennt nicht dieses Gefühl, irgendwo tief verborgen in der roten Finsternis? Es stellt sich ein, wenn Sie nicht bekommen, was Sie haben wollen, obwohl Sie es verdient haben. Jemand hat sich vorgedrängelt, und jetzt stehen diese Leute vor Ihnen, als wäre es das Natürlichste auf der Welt, als ahnten sie nicht, dass es Sie gibt, als wäre ihr Platz in der Schlange wohlverdient! *Sie,* wer ist das? Es sind die belesenen, bemittelten, besser gestellten Besserwisser. Die Elite oder die Hauptstadt, der Westen oder die Oberschicht, sie haben viele Namen. Das Schlimmste an ihnen sind nicht unbedingt ihr Geld oder ihre Paläste. Es ist die Selbstgenügsamkeit, die sie ausstrahlen, und die Würde, die sie als selbstverständlich erachten. Diese mild herablassende Seinsfülle, die aus der Überzeugung rührt, edel zu sein und aufgeklärt, liberal und humanistisch und so verdammt gute Absichten zu haben. Wie können sie sich in ihrer Überlegenheit so sicher fühlen, wie können sie tatsächlich glauben, dass sie alles besser wissen und die Besten *sind*? Unerträglich!

Und oft scheinen sie in ihrem »Idealismus« selbst gar nicht zu begreifen, was sie falsch machen. »Warum hassen sie uns?«, fragen sich die Eliten oft mit aufrichtiger Verletzlichkeit. Die Superreichen in Davos spenden ihr Geld für alle möglichen gute Zwecke. Das Silicon Valley arbeitet daran, die Welt zusammenzuführen. In allen Ländern unterstützen liberale Demokratinnen und Demokraten sowohl Frauen als auch Minderheiten. Und sie alle stehen voll und ganz hinter den Menschenrechten. Warum also sind die Menschen so wütend? Heutzutage, wo die Welt trotz allem solche Fortschritte gemacht hat und es allen finanziell gesehen besser geht und noch dazu alle Zugang zum Internet haben?

Hier kommt Mimesis ins Spiel. Mishra meint, man müsse etwas Grundlegendes verstehen: Der Mensch sei ein Wesen, das sich mit anderen vergleiche. Auch wenn eine Amerikanerin im Rust Belt nicht ärmer ist als ihre Eltern, ist sie, relativ gesehen, im Verhältnis zu den Eliten ärmer geworden. Auch wenn ein norwegischer Rechtsextremist nicht weniger weiß ist als seine Eltern, ist die weiße Hautfarbe in der Hautfarbenhierarchie der Gegenwart gesunken. Auch wenn islamische Länder reicher geworden sind, sind westliche

Länder *viel* reicher geworden. Menschen sind schlicht und einfach nicht dankbar für das, was sie haben, solange andere mehr bekommen.

Im Zeitalter des Zorns sind wir der Distinktion beraubt. Die Globalisierung nimmt uns unsere Eigenarten, und wir sehen nichts als mimetische Rivalen, so weit das Auge reicht.

Es ist eine Ironie der Geschichte, dass die Idee der Gleichheit selbst aus dem Westen stammt – dies ist der Kern von Mishras Analyse. Gleichheit ist eine ausgesprochen westliche, moderne Erfindung. Vor der Aufklärung wäre niemand auf die Idee gekommen, dass Menschen ihre Lebensumstände durch soziale Rebellion ändern könnten. Die Armen und Unterdrückten erklärten sich ihr Leiden durch den Willen Gottes oder einfach nur dadurch, Pech gehabt zu haben. Und nur sehr wenige der Aufklärungsphilosophen – an sich eine weltfremde Gang, die ihr ganzes Leben hinter einem Stapel Bücher versteckt verbrachte – meinten tatsächlich, dass alle Bürger gleichwertig sein sollten. Nicht wirklich gleichwertig, nicht in der Praxis. Dann kam 1789, und die Französische Revolution war zur Tatsache geworden. Der Mensch hatte einen neuen Maßstab erhalten: ein universelles Ideal der Gleichheit. Die Französische Revolution markierte einen definitiven Wendepunkt, schreibt Mishra: »Die treibende Kraft hinter dem weltweiten menschlichen Drama sollte von nun an die mimetische Aneignung sein.«[86]

Schritt für Schritt wurde also der westliche, freie, weiße und säkulare Mann zunächst zum Modell, dann zum Hindernis; ein mimetischer Rivale. Im Laufe des 19. und 20. Jahrhunderts breitete sich der westliche Lebensstil von Kultur zu Kultur aus und infiltrierte die traditionellsten Weltanschauungen. Innerhalb weniger Jahrhunderte war alles vom Buddhismus bis zum Islam zu einer Version westlicher Ideologie transformiert worden. Jahrtausendealte gesellschaftliche Funktionen, Familienstrukturen sowie politische und religiöse Systeme wurden verworfen. Die Verwestlichung war ebenso erzwungen wie erfolgreich; die einzige, bittersüße Alternative. In Asien, Afrika und Südamerika begann ein Wettlauf, um den Westen einzuholen. Während des gesamten 20. Jahrhunderts galt das westliche Modell als weltweites Vorbild für zivile Organisation, Staatenbildung und Industrialisierung. Die Mittelschicht ging nach Europa, um sich dort ausbilden zu lassen, oder die Länder gründeten selbst Bildungseinrichtungen nach westlichem Vorbild. Und die Kluft zwischen den Generationen vergrößerte sich: Die Jugendlichen verzweifelten an den traditionellen Eliten ihrer Länder, während sie zugleich Kränkung darüber empfanden, dass ihre Gesellschaften von Europäern dominiert wurden. Die vom Westen oktroyierte Identitätsreise war für die meisten ein Verlustgeschäft. Der Westen sprach mit gespaltener Zunge: Alle waren gleich, aber wenn es darauf ankam, waren einige gleicher als andere. Das bekam jeder zu spüren, der sich in die Schlange stellte, um in das liberale Weltreich einzutreten. Als Neulinge besaßen sie am wenigsten von der attraktiven Westlichkeit. Und so nahmen die neuen Generationen das Ressentiment praktisch mit der Muttermilch in sich auf.

Deshalb sind es nicht die unüberwindbaren Unterschiede zwischen Völkern, kein *clash of civilizations* à la Samuel Huntington, die das Zeitalter des Zorns verursachen. Die Ursache liegt auch nicht in scheinbar unvereinbaren Eigenarten der verschiedenen Religionen. Sie liegt in einem Gefühl des Selbstverlustes und dem Glauben, andere seien im Besitz dessen, was einem selbst fehle:

> Der Schlüssel zum Verhalten des Nachahmers liegt nicht etwa in irgendeinem Kampf gegensätzlicher Kulturen, sondern umgekehrt in einem unwiderstehlichen Drang nach Anpassung und Imitation: in der Logik der Faszination, der Nachahmung und der aufrechten Selbstbehauptung, die selbst die größten Rivalen untrennbar miteinander verbindet. Er findet sich im Ressentiment, dem peinigenden Spiegellabyrinth, in dem der Westen ebenso gefangen ist wie seine angeblichen Feinde und tatsächlich alle Bewohner der modernen Welt.[87]

Elegant überträgt Pankaj Mishra René Girards Analyse auf die Geschichte der Moderne. Er greift zurück auf Erkenntnisse aus den Bereichen der Philosophie, der Geschichte und der Soziologie, um zu erklären, wie es zu unserer jetzigen Situation kommen konnte: ein Planet in mimetischer Krise. Aber um die Medientechnologien des Silicon Valley macht er nicht viel Aufhebens. Und das ist eigentlich überraschend, denn die Szenen, die sich weltweit ab etwa 2010 in den sozialen Medien abspielten, waren der eigentliche Beginn des »Zeitalters des Zorns«. Das von Mishra beschriebene »peinigende Spiegellabyrinth«, in dem »alle Bewohner der modernen Welt gefangen« seien, manifestiert sich ganz konkret auf Plattformen, die für intensive Vergleiche und Selbstbehauptung wie gemacht sind.

Die Ungerechtigkeit ist alt. Aber jetzt hat uns die Technologie in die Lage versetzt, sie auch *zu sehen,* Sekunde für Sekunde. Die Hölle sind die anderen, aber auch der Himmel, und das ist das Problem.

Auf diese Weise sind Echos Epoche und das Zeitalter des Zorns miteinander verflochten.

Trommelschläge

Jenen Identitätsverlust, auf den Mishra hinweist und den die Globalisierung mit sich bringt, hat Marshall McLuhan bereits vor sechzig Jahren vorausgesagt. Damals meinte der Medienphilosoph, elektronische Medien würden uns auf eine Art und Weise miteinander verbinden, die eher an archaische Stammesgesellschaften erinnern werde als an eine postmoderne Gesellschaft – nur eben in globalem Maßstab. Im »globalen Dorf« würden die Kategorien von Zeit und Raum nur noch in geschwächter Form auftreten, stattdessen würden wir in einem »ewigen Jetzt« leben. Der globale Stammesangehörige, fantasierte er weiter, werde in einem neurologischen Hochspannungszustand leben. Denn nachdem das zukünftige elektronische Netzwerk eine Erweiterung unseres physischen Nervensystems sein werde, würden wir es so erleben, als lägen die Nerven außerhalb unseres Körpers. Ständig würden wir uns selbst und andere betrachten:

> Und so wie unsere Sinne sich nach außen begeben haben, so dringt der Große Bruder in uns ein. Folglich werden wir, wenn wir uns dieser Dynamik nicht bewusst sind, schlagartig in eine Phase panischer Schrecken hineingeraten, was genau zu unserer kleinen, von Stammestrommeln widerhallenden Welt, zu unserer völligen Interdependenz und aufgezwungenen Koexistenz passt.[88]

McLuhan beschreibt hier eine mimetische Matrix, aus der es kein Entkommen gibt. Er sieht eine »totale gegenseitige Abhängigkeit«, eine »aufgezwungene Existenz Seite an Seite«. Aus dieser Situation würden Überwachung, Wut und Terror hervorgehen. Es ist keine wissenschaftliche Sprache, deren McLuhan sich hier bedient. Sie ist intuitiv, fabulierend, fast eine Art neurologische Poesie.

Fünfzehn Jahre später, in einem seiner letzten Interviews vor seinem Tod, führt er seinen Gedanken näher aus. Wir schreiben das Jahr 1977, und er ist Gast in einer kanadischen Fernsehsendung, moderiert von einem TV-Host, der, wie auch McLuhan selbst, Katholik ist. So beginnt das Gespräch zwischen den beiden Kanadiern Marshall McLuhan und Mike McManus:

> Mike McManus: In den frühen Fünfzigerjahren haben Sie vorausgesagt, die Welt würde zu einem globalen Dorf werden. (...) Aber diese Stammeswelt scheint keine freundliche zu sein, Dr. McLuhan.
> McLuhan: Oh nein, einer der liebsten Zeitvertreibe von Stammesvölkern ist es, einander abzuschlachten. In Stammesgesellschaften ist das eine Art Full-Time-Sport.
> McManus: Aber ich hatte mir vorgestellt, als eine Art globaler Stamm würden wir ...
> McLuhan: ... je näher man sich kommt, desto besser kann man einander leiden? Dafür gibt es keinen einzigen Beweis. Wenn Menschen einander näherkommen, gehen sie miteinander brutaler und ungeduldiger um.

McManus: Warum ist das so? Liegt das in der Natur des Menschen?
McLuhan: Unter derart beengten Umständen wird die Toleranz aufs Äußerste herausgefordert. (...) Jede Form von Gewalt ist ein Streben nach Identität. Wenn du an der Front lebst, hast du keine Identität. Du bist niemand. (...) Du musst beweisen, dass du jemand bist, deshalb wirst du gewalttätig. Identität geht immer mit Gewalt einher. Kommt Ihnen das widersprüchlich vor? Normale Menschen verspüren das Bedürfnis nach Gewalt, wenn sie ihre Identität verlieren. Nur Bedrohungen der Identität machen Menschen gewalttätig. Terroristen, Entführer – das sind Menschen minus Identität. Sie sind entschlossen, es irgendwie zu schaffen, erwähnt zu werden, Aufmerksamkeit zu erlangen (...)

Danach unterhalten sich die beiden konservativen Kanadier in ihren Siebzigerjahre-Anzügen darüber, wie durch die neuen Medien jeder zum Überwacher des anderen geworden sei. Elektronische Medien würden es nicht nur einfach machen, private Grenzen zu überschreiten, sondern auch zu ignorieren, dass solche Grenzen überhaupt existieren. Somit sei die klare Trennung zwischen Individuen verschwommen:

McLuhan: Jeder ist durchlässig geworden. Licht und Information gehen unmittelbar durch uns hindurch. Jetzt zum Beispiel sind wir auf Sendung, *on the air*, und *in der Luft* haben wir keinen physischen Körper. Wenn wir am Telefon, im Radio oder im Fernsehen sind, haben wir keinen physischen Körper – wir sind nur ein Bild *in der Luft*. Wenn man keinen physischen Körper hat, ist man ein diskarniertes Wesen. Man hat eine ganz andere Beziehung zur Welt um einen herum. Ich denke, das ist eine der wichtigsten Auswirkungen des elektronischen Zeitalters. Es hat die Menschen ihrer privaten Identität beraubt.

McManus: Also ist es das, was gerade mit mir passiert?

McLuhan: Ja. Die Identitäten verschmelzen in Lichtgeschwindigkeit miteinander. Das ist der Massenmensch.[89]

Er drückt sich kryptisch aus, aber dennoch ziemlich treffsicher, wenn man bedenkt, dass die von ihm geschilderte Technologie noch gar nicht existiert. Wie Pankaj Mishra stellt auch McLuhan eine Verbindung von Identitätsverlust zu Wut und Gewalt her. Und er räsoniert weiter: Nicht nur, dass unser Identitätsgefühl durch die soziale Organisation solcher Netzwerke herausgefordert werde, es sei zusätzlich durch die Form des Mediums in seiner Existenz bedroht. Wir werden zu Bildern in der Luft, sagt er. Zu »diskarnierten« Subjekten, Individuen also, die »vom Fleisch gelöst« sind. Eine solche Erfahrung allein, glaubte McLuhan, sei bereits imstande, Kriege auszulösen. Das rein sinnliche Erleben, »niemand« zu sein, löse einen gewaltigen Drang aus, »jemand« zu werden.

Das ist originell. Ich weiß nicht, ob man »neurologische Beweise« dafür vorlegen kann, dass die Mediennutzung unseren Körper und unsere Sinne auf diese Weise verändert. Aber mir gefällt McLuhans Spürsinn – und seine Auffassung von medialer Identität als etwas Flüchtigem, Reaktivem und Hypersozialem. Denn um ehrlich zu sein, sind mir die Nervenstürme, die auf den Plattformen wüten, ein Rätsel: Diese völlig gefühllose Überempfindlichkeit. Was ist die Ursache dafür, dass im Netz selbst die besonnensten Menschen radikalisiert werden? Diejenigen, die am lautesten auf die Tasten hämmern, meinen natürlich einfach nur, besonders engagiert für die politische Sache einzutreten, um die es gerade geht und die in ihrem Ausgangspunkt fast immer mit Identität zu tun hat – Rassismus, Feminismus, Transsexualität. Für McLuhan hingegen ist die verletzende Erfahrung ein Produkt der Medienerfahrung selbst. Ein Abwehrmechanismus, der Menschen zu Trollen werden lässt.

Soziale Medien sind Identitätstechnologie, und aus diesem Grund entwickelt der Mensch eine existenzielle Abhängigkeit von ihnen. Die Medien verursachen einen Identitätsverlust, den sie zur selben Zeit betäuben. Sie sind Gift und Heilmittel zugleich.

Denn einerseits spürt der Homo Echo das Fadenscheinige seiner Identität: Sie ist ein Post, der jederzeit gelöscht werden kann, nicht mehr als ein »Bild in der Luft«. Das digitale Ich wird immer auf seine eigene physische Abwesenheit hinweisen. Hier gibt es weder Berührung, Geschmack, Geruch noch Augenkontakt. Wodurch kann ihr Fehlen kompensiert werden? Der betäubte Mensch will einfach nur berührt werden, formulierte McLuhan in einer traurig-schönen Wendung.

Andererseits ist Homo Echo ein digitales Stammesmitglied, das dadurch eine deutliche Identität erhält, dass es von Freundinnen und Feinden »gesehen« wird. Auch das Gefühl des »Seinsmangels« kann durch die gegenseitige und »aufgezwungene Existenz Seite an Seite«, die McLuhan beschreibt, gelindert werden. Der Stamm hat eine Mission, nämlich, gegenüber anderen Stämmen zusammenzuhalten. Das erste Gebot: Du sollst keinen anderen Stämmen gehorchen als mir.

Der Traum von der globalen Dorfgemeinschaft scheint mit derselben Geschwindigkeit zu verblassen, mit der das Gefühl der Ausgrenzung zunimmt.

Wenn die rechtsextreme Bewegung Die Identitären in ihrem Manifest »Wir sind die Identitäre Generation«, das vor einigen Jahren als Video viral ging, zur globalen Dorfgemeinschaft Stellung nimmt, hört sich das etwa folgendermaßen an:

> Wir sind die Generation der ethnischen Spaltung, des totalen Versagens der Koexistenz und der erzwungenen Mischung von Rassen. (...) Wir haben aufgehört, an ein »Globales Dorf« und die »Familie aller Menschen« zu glauben. Wir haben entdeckt, dass wir Wurzeln und Vorfahren und daher eine Zukunft haben.[90]

Hier ist McLuhans mediale Dorfgemeinschaft zu einem Gleichnis für »erzwungene Mischung von Rassen« geworden. Was dieser Gruppe fehlt und was sie fordert, nämlich Identität, soll durch Vertreibung der muslimischen Minderheit erobert werden, von der angenommen wird, sie sei im Begriff, die Gesellschaft zu übernehmen. Man möchte sich gegen einen Identitätentausch verteidigen, der von der Gruppe selbst als »der Große Austausch« bezeichnet wird. Die Identitären leiden unter etwas, das von Forscherinnen und Forschern als »weiße Auslöschungsangst« bezeichnet wird.

Die Verbindung von Identität und Gewalt wird noch deutlicher, wenn man sich Terroristen ansieht, jene Gruppe, die McLuhan so unbefangen als »Menschen minus Identität« bezeichnet. Liest man die Terrormanifeste von im Netz radikalisierten Mördern der letzten Jahre, wie etwa Brenton Tarrant, Patrick Crusius oder Anders Behring Breivik, erhält man Einblick in eine Art mimetische Psychose. Die Manifeste beschreiben die moderne Welt als Zusammenbruch der Sinnhaftigkeit, eine nihilistische Ausradierung all jener Unterschiede, die die Welt am Leben erhalten.

Sie sehen sich von Menschen umgeben, die promiskuitive und orgiastische Leben leben. Schwarze, weiße und braune Menschen, die sich miteinander paaren. Männer, die Frauen werden können, Frauen, die Männer werden können. Kinder von Paaren ein und desselben Geschlechts.

Nur durch Gewalt, so die Argumentation der Manifeste, könne Identität wiedererlangt werden. Gewalt ist die Mutter des Wandels, wie Breivik es ausdrückte. Wir haben die Wahl zwischen Mord und Selbstmord. Aus der Tat erwächst eine neue Identität. So verwandelt sich niemand in jemanden.

Um die Eskalation der Konflikte, von denen wir im 21. Jahrhundert umgeben sind, zu verstehen, müssen wir die Reichweite der technologischen Disruptionskräfte erkennen. Wir haben es heutzutage mit wirtschaftlich motivierten Plattformen zu tun, maßgeschneidert für eine mimetische Konkurrenzlogik. Sie tragen dazu bei, was Pankaj Mishra beschreibt: den globalen Bürgerkrieg *in uns* zu entfachen.

Algorithmen verbinden uns höchst effizient sowohl mit denen, die wir mögen, als auch mit denen, die wir ablehnen. Sie vereinen uns und spalten uns, sodass mittlerweile in der ganzen weiten Welt wieder der Klang der Stammestrommeln zu hören ist.

Ein universales Modell

Wie konnte »Identität«, eine vage, wechselhafte Größe und seit Jahrhunderten Gegenstand philosophischer Grübeleien, zur politischen Trophäe werden? In Norwegen hat das Wort selbst bereits explosives Potenzial. Mit dem Wort »Identität« können Sie im Handumdrehen eine ganze Lawine von Vorstellungen über Ehre, Stolz, Freund und Feind ins Rollen bringen. Früher hat die »Nation« diese Funktion innegehabt. In den Krieg zog man für König und Vaterland, nicht für sich selbst.

Die linke Version des gegenwärtigen Identitätskampfs heißt »Identitätspolitik«. Die Rechte nennt ihre Ideologie »Identitarismus«. Und obwohl es zwischen ihnen große Unterschiede gibt, liegt beiden dasselbe Gefühl zugrunde: Deine Identität ist bedroht, verteidige sie.

Im gesamten politischen Spektrum erheben sich zurzeit Bevölkerungsgruppen, die sich aufgrund ihrer Identität für diskriminiert erklären. Viele werden von ihren Rivalen in Haltung und Weltanschauung gespiegelt. Weiße Menschen können behaupten, Opfer von Rassismus geworden zu sein. Antifeministen können von matriarchalen Strukturen sprechen. Das ist Ressentiment auf Norwegisch: Immer mehr Menschen leben in der subjektiven Erfahrung, eine marginalisierte Minderheit zu sein. Und das ist nicht gänzlich aus der Luft gegriffen: Die *eine* Identitätsposition, die von allen als gültig anerkannt wird, gibt es in unserem mimetischen Schmelztiegel nicht mehr.

Im Spannungsfeld zwischen Einwanderung und Amerikanisierung kann *norwegische Identität* zu einer Form der Seinsfülle geraten, etwas, das im Grunde genommen für alle quasi unerreichbar ist. Dadurch entstehen mimetische Rivalen in allen Himmelsrichtungen.

Also, her mit den Strickmustern und den alten Käsesorten! Her mit authentischem Gebräu und vergessenen Musikstilen. Wir streamen historische Dramen auf Netflix und googeln Rezepte für traditionelle Gerichte. Die Gleichheitszentrifuge der Gegenwart weckt Hunger darauf, jemand zu sein, und wollen Sie sich hervortun, dann reicht es nicht mehr aus, auf die Gegenwart zurückzugreifen. Denn Norwegerinnen und Norweger sind heute ein vielfarbiges und vernetztes Volk, das in seine Smartphones starrt, genau wie die meisten Weltbürgerinnen und -bürger. Und die westlich-glatte Konsumentenidentität, die unerträgliche Leichtigkeit der Gleichheit, ist hier nicht attraktiver als anderswo. Auch Norwegerinnen und Norweger fürchten die neue Kulturlosigkeit, deshalb schöpfen wir, wie die meisten anderen Nationen, Nahrung und Sinn aus der Vergangenheit.

Somit kann Norwegen seine attraktive »Unterschiedlichkeit« exportieren, indem es beim heutigen globalen Kulturbuffet seine Wikinger-Vergangenheit feilbietet. Dort konkurriert sie mit anderen historischen Requisiten wie Ritteruniformen, afrikanischen Artefakten, europäischen Dynastien und Königshäusern, Bollywood-Nostalgie und Ritualen der Naturvölker. Wenn die Nationen der Welt zur Gleichheit tendieren, kann einem kulturelle Identität als etwas Austauschbares vorkommen. Aber indem man der Gegenwart den Rücken kehrt, kann jede und jeder zu der verlorenen Einzigartigkeit zurückfinden.

Wo Identität unter Druck gerät, erhalten Unterschiede überdimensionale Bedeutung. Zum Beispiel: Wenn sich norwegische Frauen Cornrows flechten lassen und sich im Solarium bräunen, wirft man ihnen heutzutage vor, sie würden die Ästhetik afrikanischer Frauen stehlen, sogenanntes *blackfishing* betreiben. Sich die »kulturellen Unterschiede« anderer auszuleihen, was als *cultural appropriation* (kulturelle Aneignung) bezeichnet wird, gilt heute als eines der respektlosesten Dinge, die man tun kann.

Unterschied kann eine gewinnbringende Brandingstrategie sein, zum Beispiel wenn die

Hotelkette Nordic Choice verkündet: »Wir lieben Unterschiede und hassen Ungleichbehandlung.«

Unterschied wird zum Massenmarkt: Der Billigdiscounter Nille verkauft Pride-Flaggen.

Unterschied wird zu einem Adelszeichen: Samische Künstlerinnen und Künstler werden zum großen Stolz Norwegens.

Unterschied wird zur Modeerscheinung: Nicht muslismische Models tragen Hijabs auf dem Laufsteg.

Viel von dem, was uns Identitätspolitik erzählt, handelt nicht von Unterschieden, sondern von Gleichheit.

»Alle Menschen sind frei und gleich geboren.« Mit diesem schönen Satz aus dem Jahr 1789 gehen Pankaj Mishra zufolge die Schwierigkeiten los. Denn was ist der Unterschied zwischen Gleichheit und Gleichwertigkeit? Das mimetische Begehren ist nicht imstande, dazwischen zu unterscheiden, es will lediglich besitzen, was andere besitzen. So nährt sich der globale Kapitalismus vom mimetischen Wettbewerb. Könnten die Menschen mit ihren Unterschieden Frieden schließen, so ergäbe sich daraus das Ende von Statuswahn und Wettbewerb.

Vor Kurzem ist mir aufgefallen, dass ich mir von diesem Menschen, der 1789 als »frei« und »gleich« formuliert wurde, ein unbewusstes mentales Bild gemacht hatte. Das Bild war stark inspiriert – ja, zugegebenermaßen eine Kopie –

von einer berühmten Zeichnung von Leonardo da Vinci: ein Mann, gezeichnet mit anatomisch korrekten Proportionen und zur Seite gespreizten Armen und Beinen.[91] Für mich war *er* »das universale Modell«. Der Mensch, an dem wir alle gemessen werden. Mich selbst gab es in diesem Bild also nicht einmal.

Vermutlich lassen sich solche abstrakten Modelle gerade deshalb so leicht als Werkzeuge zur Verfestigung von Macht benutzen, weil sie so »rein« und fehlerfrei sind. Das Wesentliche an dem politisch universalen Modell von 1789 ist ja, dass es keine bestimmte Identität hat. Es schließt alles ein, was Menschen sein können, und sprengt alle Kategorien: Wir sind unterschiedlich, wir sind gleich. Dennoch hatte ich automatisch eine weiße, starke und symmetrisch perfekte männliche Figur vor Augen gehabt. Eine entlarvende Entdeckung, finde ich. Dass ich beim Versuch, das rein Abstrakte der Menschheit zu konkretisieren, auf den Renaissance-Mann schlechthin traf.

Eine präzisere Darstellung des universalen Modells wäre ein mehrfarbiges und mehrgeschlechtliches menschliches Wesen gewesen. Eine echte Identitätsmischung, ein Regenbogen-Traum. Eine witzige Analogie hierzu habe ich in einem Artikel der Journalistin Jia Tolentino gefunden.[92] Sie stellte sich die Frage: Warum sehen Superstars alle gleich aus? Die Personen, auf die sie sich bezieht, fallen in die Kategorie »globale Internetstars«, Namen wie Kim Kardashian, Kendall Jenner, Bella Hadid oder James Charles. Die schrägen Augen, die hohen Wangenknochen, die Kinnform – die Züge sind derart identisch, dass sie »zu einem Gesicht verschmelzen«. Als Tolentino den Promi-Stylisten Colby Smith nach dieser Ähnlichkeit befragte, antwortete er: »Oh, das ist das Instagram-Gesicht.«

Mildere Formen plastischer Chirurgie sind grundlegender Bestandteil dieses Ideals: Man möchte behandelt aussehen und sieht folglich so aus wie alle anderen. Das Gesicht wird gestaltet wie eine Skulptur: »voll und glatt, mit hochgezogenen Augenbrauen, geschwollenen Lippen und hohen Wangenknochen«. In ihrem Artikel zeigt Tolentino, wie Instagram mithilfe plastischer Chirurgie (unter anderem durch Filter wie »Fix me« und »Plastic«) nicht nur ein Ideal hervorgebracht hat, sondern eine ganze ästhetische Kultur, in der alle wie Klone aussehen.

Dann machte sie eine weitere Beobachtung: »Etwas war seltsam«, schrieb sie, »am ethnischen Aspekt des Instagram-Gesichts.« Es kam ihr vor wie eine Art Best of der verschiedensten ethnischen Merkmale in Kombination. Als hätten die Algorithmen im Laufe der Zeit eine exotische und globale computeroptimierte Schönheit herbeigeneriert. Auf Tolentinos Frage antwortete Colby Smith:

»Ganz genau – wir sprechen hier von einer übertrieben gebräunten Hautfarbe, einem südasiatischen Einfluss bei der Form von Augen und Augenbrauen, einem afroamerikanischen Einfluss über den Lippen, einem kaukasischen, was die Nase betrifft, und einer Wangenstruktur, die vor allem von amerikanischen Ureinwohnern und Menschen aus dem Nahen Osten inspiriert ist.«[93]

Das »universale Modell« ist zum Fotomodell geworden. Es ist mehrfarbig und mehrgeschlechtlich, zugleich jedoch ein globales Kunstprodukt, gezeugt von sozialen Medien und plastischer Chirurgie.

Manche mögen eine solche Miss Universe vielleicht sogar als Ausdruck einer Art von Fortschritt missverstehen, in dem Sinne, dass das Ideal von rassistischen oder sexistischen Aspekten befreit worden wäre. Für mich veranschaulicht das Phänomen Pankaj Mishras These aus einer weiteren Perspektive. Dies ist das Gegenteil von Befreiung: als Gleichheit gedeutete Gleichwertigkeit.

Der visuelle Kapitalismus des Silicon Valley glättet alle echten biologischen und kulturellen Merkmale. Er feiert Vielfalt als Image, während zugleich alles Menschliche, Verletzliche und somit Unrentable an Körpern und Gesichtern ausradiert wird.

Eine solche Bilderverehrung ist im Grunde nichts anderes als Geldverehrung. Und nur Verliererinnen und Verlierer gehen aus ihr hervor – eine Art physiologisches Ressentiment –, ungeachtet von Geschlecht oder Hautfarbe. Die Anziehungskraft der Mimesis schließt alle Weltbewohnerinnen und -bewohner gegen ihren Willen in einen universalen Wettbewerb ein, der alle Lebensbereiche betrifft. Und dennoch: Auf die Vernetzung zu verzichten, scheint keine sichere Alternative zu sein. Wer nicht am Wettbewerb teilnimmt, ist zum Scheitern verurteilt. Könnte man jedenfalls glauben.

*Ich bin ein*e andere*r*

2023 haben wir nicht weniger als 107 verschiedene Geschlechtsidentitäten[94], und sexuelle Orientierung ist längst zum Spektrum geworden. In Norwegen werden Schwarze nicht mehr als schwarz bezeichnet, sondern als »melaninreich«. All diese neuen Kategorien von Identität – wo waren sie früher?

Vielleicht hat jede Zeit eine eigene Entwicklungsflüssigkeit, die neuen Identitäten ermöglicht, an die Oberfläche zu gelangen und sichtbar zu werden.

Laut Sprachforschung entstand die Zauberformel *Hocus Pokus Fidibus* als sprachliche Verdrehung des Wandlungsrituals in der katholischen Messe. *Hoc est enim corpus meum,* sagt der Priester auf Latein: Das ist mein Leib. Es gibt verschiedene Spekulationen darüber, wie daraus eine Zauberformel wurde. Sie wird seit dem 17. Jahrhundert verwendet. Eine Theorie besagt, dass sie im Volksmund unter gewöhnlichen Kirchgängern entstand, die größtenteils Bauern waren und kein Latein verstanden.

Ich kann mich in die Körper dieser Kirchgänger hineinversetzen. Ich sitze auf einer Kirchenbank und strenge mich an, die lateinischen Formeln, die der Priester murmelt, irgendwie zu deuten. Und ich kann mir die Wärme eines Wirtshauses vorstellen, wo ich mit Freunden und Nachbarn Bier trinke und wir den Priester nachahmen, seine Gesten und Sprüche, während wir herzlich darüber lachen. Denn wie kryptisch müssen diese priesterlichen Beschwörungen geklungen haben? Der Priester mit seinem purpurnen Gewand und seinen Faxen, der Priester, der vorgab, etwas verstanden zu haben, was sie, das »unwissende Heidenvolk«, nicht verstanden.

LGBTQQIAAP ist das offizielle Akronym für zehn Kategorien sexueller Identität. Auf Englisch steht es für *lesbian, gay, bisexual, transgender, queer, questioning, intersex, asexual, ally* und *pansexual*, und ich habe diese Buchstabenkombination noch nie laut ausgesprochen. Wenn ich sie aussprechen möchte, muss ich zuerst üben, wie Lateinvokabeln. Und weil die Kombination lang und kompliziert ist, würde mir das Ganze wahrscheinlich gekünstelt vorkommen, und vielleicht würde ich irgendeine ironische Geste hinzufügen, um mich davon zu distanzieren. Und so – indem ich das, was ich als neu und fremd empfinde, in Hokuspokus verwandle – kann ich gegen das Gefühl ankämpfen, selbst das Auslaufmodell einer veralteten Heidin zu sein. Und auf diese Weise auch die Situation umkehren und mich selbst, anstatt der anderen, zur Minderheit machen.

So viele Schichten der Selbstverteidigung. Aber noch immer, versteckt in Hokuspokus, tritt die Bedeutung hervor: *Du* bist mein Leib.

Ein Begriff, der in unseren Gesprächen über globale Identitäten häufig auftaucht, ist der oder die »andere«. Häufig liegt in seiner Verwendung etwas statisch Herablassendes. Wenn wir den »anderen« oder die »andere« betrachten, neigen wir dazu, hinunterzublicken. Wir neigen dazu, die Menschen um uns herum auf Objekte zu reduzieren. Zugleich denke ich, dass der oder die »andere« zu einem vereinfachten Gegensatz wird.

Der französische Philosoph Alain Badiou sagt, durch das ständige Hervorheben der Unterschiede zwischeneinander würden wir eine andere Wahrheit verschleiern, eine Wahrheit philosophischer Art. Nämlich dass jede und jeder von uns oftmals der oder die »andere« ist, sogar uns selbst gegenüber. Existenz und Erfahrung bedeutet, eine unendliche Vielfalt von Unterschieden und Stadien der Entfremdung zu durchlaufen.

Selbst die angeblich reflexive Erfahrung meiner selbst ist überhaupt keine Intuition einer Einheit, sondern ein Labyrinth von Differenzierungen, und Rimbaud hatte sich sicher nicht geirrt, als er erklärte: »Ich ist ein anderer« (*Je est un autre*). Es gibt ebenso viel Unterschiede zwischen beispielsweise einem chinesischen Bauern und einer norwegischen Jungmanagerin wie zwischen mir selbst und irgendeinem Beliebigen – einschließlich meiner selbst.[95]

»Ich ist ein anderer« ist nicht nur ein berühmter Ausspruch von Arthur Rimbaud. Jon Fosses letztes Buch trägt den Titel *Ich bin ein anderer* (*Eg er ein annan*) und handelt von zwei Ich-Personen selben Namens. Der wurzellose Protagonist in Tomas Espedals *Gehen* geht durch das ganze Buch, um ein anderer zu werden, was ihm schließlich auch gelingt: »Endlich war ich angekommen: Ich war ein anderer geworden«.[96] Édouard Louis bietet uns in *Changer: Methode* eine »Anleitung, ein anderer zu werden«. »*I contain multitudes*«, sagt Bob Dylan. Er hat den Satz Walt Whitmans langem Gedicht *Song of Myself* entnommen, in dem der Dichter nicht die Erzählstimme eines Individuums einnimmt, sondern eher als ein »Alle« spricht: »Du bist es, der spricht, ebensogut als ich; ich bin nur deine Zunge (...). In allem Volk seh' ich mich selbst.«[97]

Wanderer, Übersetzerinnen, Fremde, Aufsteigerinnen, Minderheiten. Irgendwo tief in uns drinnen sind wir alle andere, sowohl für die anderen als auch für uns selbst.

Hier zeigen sich auch die schädlichen Auswirkungen von Unterdrückung. Kürzlich las ich ein frühes Gedicht des Autors LeRoi Jones, der später den muslimischen Namen Amiri Baraka annahm. Jones wuchs in den 1950er-Jahren in den USA auf, studierte an der Harvard University und las nur weiße Beat-Autoren. Kunst war etwas, das weiße Männer machten, deshalb wurde er »fast selbst ein Weißer«, wie er es später formulierte. Als die 1960er-Jahre kamen, brach Jones aus der bohèmeartigen, weißen Beat-Identität aus und wurde zum schwarzen, aktivistischen Schriftsteller. »Die Worte weißer Menschen«, schrieb er, hätten ihn in ein Gewirr des Nicht-Selbst verstrickt. »*A non-self creation where you become other than you as you.*« Eigenen Aussagen zufolge hatte er »Reflexionen *des anderen*« absorbiert, geschluckt und sich davon ernährt. Im Jahr 1964 veröffentlichte er ein Gedicht, in dem beides vorhanden war: die Erfahrung des Rassismus auf der einen Seite und der inkorporierte, geliehene Blick der Majorität auf der anderen Seite.[98] Ein gespaltenes Selbst.

I am inside someone
Who hates me. I look
Out from his eyes.[99]

Rassismus, Hass und Hetze wirken gerade deshalb, weil Menschen keine in sich geschlossenen Kreise sind. Wir sind Interdividuen. Wir inkorporieren den Blick anderer auf uns selbst. Jan Grue, Professor, Autor und Rollstuhlfahrer, erinnert sich daran, dass er sich als Kind über die anderen Kinder in der Förderklasse empört habe. Die *anderen* Kinder, die sabbernden Kinder: »Auch der Schwache kann die Schwäche verachten«, schreibt er in *Ich lebe ein Leben, das eurem ähnelt.*[100]

Auch Frauen sind mit der Erfahrung vertraut, den Blick anderer zu internalisieren. Simone de Beauvoir untersucht in ihrer Analyse des »jungen Mädchens« in *Das andere Geschlecht* einen interessanten Wendepunkt des Entfremdungsprozesses. In de Beauvoirs Interpretation verhält sich das »junge Mädchen« wie eine Narzisstin. Sie verbringt Ewigkeiten in Selbstbewunderung vor dem Spiegel, weil sie den gierigen Blick der Gesellschaft auf sich selbst zu ihrem eigenen gemacht hat. Verbleibt das Mädchen in ihrem Zustand als Objekt, wird sie konstant davon abhängig sein, Bestätigung zu erhalten. Um zum Subjekt zu werden, muss sie sich vom männlichen Blick befreien, sagt de Beauvoir. Das Mädchen muss lernen zu unterscheiden. Auf der einen Seite: die Attraktion des Mannes. Auf der anderen Seite: ihre eigene Liebe zu sich selbst.

Während seines Gerichtsverfahrens verlor Anders Behring Breivik ein einziges Mal die Kontrolle. Es war während jener zwölf Minuten, als sein selbst gemachtes Propagandavideo vor Gericht gezeigt wurde. Darin waren Gemälde von Tempelrittern in Rüstungen mit Porträts von ihm selbst in verschiedensten Uniformen zusammengeschnitten. In diesem Moment passierte etwas mit ihm. Als während des Prozesses die 69 Morde auf Utøya und die Bombe im Regierungsviertel behandelt worden waren, war sein Gesicht ausdruckslos geblieben. Jetzt zuckte es in winzigen Bewegungen. Dann verzog es sich unter Tränen. Die Presseleute machten sich ratlos Notizen, was konnte das bedeuten? Und in der Pause erklärte ein Gerichtspsychiater im Fernsehen, hier hätten wir es mit einem Narzissten zu tun, »der angesichts seiner eigenen Vortrefflichkeit zu Tränen gerührt sei«.

Was fließt aus einem Gesicht, wenn es Risse bekommt?

Heute sehe ich das Besondere an dieser Szene. Was die Öffentlichkeit zu sehen bekam, war die Begegnung zwischen Breivik und seinem inneren Modell; ein idealisierter Rittermörder, ein Herrscher, den er selbst erschaffen hatte und der jetzt der Einzige war, der ihn erreichen konnte. Vor den Augen von Anwälten, Richterinnen und Angehörigen war das Modell aus dem halbtoten Menschen hervorgetreten, der dort vor Gericht saß.

Wenn das Modell den Körper seines »Besitzers« übernimmt, sind die Zuckungen dann Lebenszeichen oder Todeskrämpfe? In einem Moment hatte er beide Gesichter, das tote und das lebendige. Denn damals, im Jahr 2012, waren immer noch Spuren von ihm selbst vorhanden, von ihm, dem Jungen mit Selbstbräunungscreme und operierter Nase, der als Kind immer ein »gekünsteltes, abwehrendes Lächeln« um den Mund gehabt hatte und der später sein Brot damit verdienen würde, gefälschte Zeugnisse im Internet zu verkaufen.

Der narzisstische Identitätsmord war vollbracht, als er 2017 zu Fjotolf Hansen wurde, dem Nazi.

Als Philip Manshaus am 10. August 2019 in einer Moschee in Bærum festgenommen wurde, erklärte er, er sei »der dritte Jünger«. Was sollte diese religiöse Formulierung bedeuten? »Der zweite Jünger« stellte sich als Patrick Crusius heraus, der eine Woche zuvor in Texas 22 Menschen erschossen hatte. »Der erste Jünger« war der 19-jährige John Earnest, der wiederum vier Monate zuvor eine jüdische Synagoge angegriffen hatte. Beide waren vom »Heiligen« Brenton Tarrant auserwählt worden, der im März desselben Jahres in zwei Moscheen in Neuseeland 51 Muslime getötet hatte.

Tarrant selbst war jedoch nicht der »Erste«. Er selbst war von vier anderen vor ihm inspiriert worden, deren Erster wiederum Anders Behring Breivik war. Und Breivik, der unter den im Internet radikalisierten Terroristen als der große Vorreiter gilt, hat große Teile seines Manifests aus Texten des Unabombers Ted Kaczynski kopiert.

Der Strom rechtsextremer, im Internet radikalisierter Terroristen ist ein Strom offensichtlicher *copycats*. In Breivik sehen sie ihr Ur-Modell. Er ist das Original, das Kopien hervorbringt, der Gründer einer Kultur. Ihr Echoismus liegt nicht in der Verfolgung einer einzigen ausgewählten Minderheit; die Opfer können Juden, Muslime, Afroamerikanerinnen oder Latinos sein. Sie teilen Rituale, Ideologien, Memes, *snuff* und Stammessprache.

Wie kann das so schnell passieren? Sie schlucken die rote Pille, dann schluckt sie das Kaninchenloch. Wenn man Videoaufnahmen von Terroristen in Moscheen, Synagogen oder Einkaufszentren analysiert, kann man beobachten, dass sie sich in den physischen Räumen bewegen wie in einem Computerspiel. Sie imitieren ihre eigenen Avatare. Die Tatsache, dass der Prozess, in ein irreales Modell seiner selbst einzutauchen, vom Internet derart vereinfacht wird, ist zum Gegenstand einer kleinen Nische innerhalb der Terrorforschung geworden. *Gamification of terror*: Das Spiel als Pfad in die Realität; eine Methode, einen realen Angriff zu strukturieren.[101]

Den Trend des Postens von Mordvideos hatte

Tarrant von seinem mimetischen Rivalen übernommen: dem Islamischen Staat (IS). An jenem Tag im Jahr 2019, als er 51 Muslime, Männer, Frauen und Kinder, im Gebet tötete, hatte er eine Kamera an seinem Helm befestigt und alles live gestreamt. Auf Facebook sahen 4000 Menschen das Video, bevor es entfernt wurde. In den nächsten 24 Stunden wurden von Usern, die das Video gespeichert hatten, 1,5 Millionen Versuche gemacht, es zu reposten. 1,2 Millionen konnten gestoppt werden, 300 000 Kopien schafften es durch Facebooks Filter.[102]

Heutzutage florieren solche Aufnahmen, sogenannte Snuff-Filme, in Stammesgemeinschaften auf Reddit, 4chan und 8chan. Jedes Video einer Terroraktion löst eine Lawine begeisterter Kommentare, Wetten und Vergleiche mit anderen Angriffen aus. Es gibt Wiedergabelisten von *top scorers*, die es geschafft haben, die meisten Opfer zu »erlegen«.

Anders Behring Breivik steht immer noch an erster Stelle.

Die Sündenbockmaschinen

Hier folgt der Bericht des französischen Dichters Guillaume de Machaut über die Pest in Nordfrankreich im Jahr 1349. Der Autor beschreibt einen mimetischen Albtraum. Es regnet Steine vom Himmel, der Blitz schlägt ein, und alles, was die Menschen in Zeit und Raum voneinander trennt, löst sich auf. Menschen verschmelzen zu einer Masse, eine Vorahnung des Untergangs einer Gesellschaft. In diesem Schreckenszustand offenbart der Autor, die Schuld für diese jammervolle Situation liege bei den Juden:

> Daraufhin kam ein Saupack, | falsch, verräterisch und abtrünnig: | es war Judäa, das verabscheute, | das böse und ungetreue, | das alles Gute haßt und alles Böse liebt. | Sie gaben so viel Gold und Silber | und versprachen den Christen so viel, | daß sie dann Brunnen, Bäche und Quellen, | die klar und gesund waren, | an vielen Orten vergifteten | und viele daran starben; | denn all jene, die daraus tranken, | starben ganz plötzlich. | So starben gewiß zehnmal hunderttausend | auf dem Land und in der Stadt, | so daß man inne wurde | dieses tödlichen Vergehens.

Nach Ansicht des Autors ist es »der da oben, der alles sieht«, der eingreift und anordnet, dass die Juden getötet werden müssen.

> Alle Juden wurden vernichtet, | die einen gehängt, die andern in siedendes Wasser getaucht, | die einen ertränkt, den andern abgetrennt | der Kopf mit der Axt oder dem Degen.[103]

Dieser Text ist ein Beispiel dafür, was René Girard als »Verfolgungstext« bezeichnete. Heute wird es der durchschnittlichen Leserin nicht schwerfallen, die unterschiedlichen Schichten aus dem Bericht des Franzosen herauszufiltern. Wir reagieren instinktiv auf die Behauptung, dass die Juden das Trinkwasser vergiftet haben sollen, sie ist ebenso unwahrscheinlich wie »die Zeichen am Himmel«, die er beschreibt. Wir begreifen, dass die Juden zu Sündenböcken gemacht und als solche getötet wurden. Wir sehen auch, dass der Autor, der in seiner Zeit ein angesehener »Intellektueller« war, tatsächlich an den Effekt dieses Tötens glaubt. Die Juden mussten getötet werden, damit die Seuche verschwinden konnte! So funktioniert der Sündenbockmechanismus. Er muss geheim gehalten werden, vor den Zeitgenossen und vor dem Autor selbst, um wirken zu können.

Auch in den Online-Manifesten der rechtsextremen Terroristen ist dieser Mechanismus leicht wiederzuerkennen. Sie sind aus einer besessenen Wahnvorstellung heraus geschrieben worden, wobei die Autoren auf ebenso paranoide Weise von der Schuld der Sündenböcke überzeugt sind wie die Hexenverbrenner des 17. und die Judenvertreiber des 14. Jahrhunderts. Die Manifeste sind die »Verfolgungstexte« unserer Zeit, geschrieben aus der Perspektive des gewalttätigen Verfolgers.

Wenn ich eine Studie der Universität Oxford lese, die besagt, jeder fünfte Einwohner Großbritanniens glaube, das Coronavirus sei von Juden verbreitet worden, in der Absicht, »von einem wirtschaftlichen Zusammenbruch zu profitieren«, denke ich eigentlich nicht, dass die britische Bevölkerung zu einem Fünftel aus gewalttätigen Verfolgern besteht.[104] Aber ich denke, dass es für die Angst der Juden heutzutage einen Grund gibt. Das Silicon Valley hat Verschwörungstheorien zu *big business* gemacht. Vermutlich hätten sich auch die meisten Druchschnittsmenschen im Mittelalter nicht selbst als gewalttätige Verfolger gesehen. Aber sie glaubten den Gerüchten, und sie hatten Angst. Und so konnten die Morde geschehen.

Im Jahr 2019 stand der Komiker Sacha Baron Cohen, den wir als Borat kennen, auf der Bühne und sprach ausnahmsweise einmal ohne Ironie. Er äußerte seine Wut auf die Führungskräfte des Silicon Valley, die soziale Medien verteidigten, indem sie auf die wichtige »Meinungsfreiheit« hinwiesen. Hört mal, sagte er, eure Propagandamaschinerie versetzt uns gerade in einen Kriegszustand. Hätte Hitler in den 1930er-Jahren Algorithmen in seinem Werkzeugkasten gehabt, hätten sie dem Führer bei der Verbreitung seiner Endlösung für das »Judenproblem« geholfen. Und dann rief er einen Satz aus, der sich bei mir eingeprägt hat: »*Freedom of speech is not freedom of reach.*«[105] Ein unglaublich guter Satz. Er unterscheidet zwischen der Technologie und dem Geschäftsmodell. Kritikerinnen und Kritiker des Silicon Valley können nicht mehr als »digitale Hinterwäldler« abgetan werden, die sich der Technologie verweigern. Die Aufmerksamkeitsökonomie ist keine Technologie; sie ist die Logik, durch welche die Technologie wirken kann. Vonseiten der Unternehmen wird uns heute versichert, man arbeite hart daran, beispielsweise Verschwörungstheorien auf den Plattformen einzudämmen, aber das Ergebnis ist nicht mehr als ein Kratzen an der Oberfläche. Direkt darunter arbeitet eine dröhnende Maschinerie an der Verknüpfung von Daten, mit dem Ziel, Menschen systematisch in süchtig machende Tunnel zu führen. Die Unternehmen haben eine Entscheidung getroffen. Sie hätten ein Geschäftsmodell entwickeln können, das den Benutzerinnen und Benutzern Übersicht, Widerstand, Abstand und Objektivität geboten hätte. Sie hätten Transparenz und politische Regulierung ermöglichen können. Aber das hätte sie vermutlich nicht zu den reichsten Unternehmen der Welt gemacht. Das eigentliche Problem des Silicon Valley ist Gier.

Ich glaube, es kam für die meisten Menschen als Überraschung, wie viel primitive Aggression die digitale Ära hervorgebracht hat. Anfangs hatten wir uns wohl eher vorgestellt, das Internet würde uns zu weltgewandten Kosmopolitinnen und Kosmopoliten machen. Aber eine Technologie, die so viel mimetische Bewunderung und Rivalität hervorruft, muss zwangsläufig zu dem werden, was Geoff Shullenberger als »Sündenbockmaschinen« bezeichnete. Heutzutage sind sogenannte *witch hunts* (Hexenjagden) ein Kennzeichen sozialer Medien, und sie spielen sich mit einer nahezu rhythmischen Dramaturgie ab. Der Shitstorm ist ein digitales Echo der physischen Hinrichtungen der Vergangenheit. Soziale Medien haben die Steinigung, die Lynchjustiz und den Pranger für die Gegenwart übernommen.

In Girards Definition war Privatjustiz das Markenzeichen einer vormodernen Gesellschaft. In diesem Sinne befinden wir uns mitten in einem zivilisatorischen Rückschritt.

Durch die Linse der mimetischen Theorie betrachtet hat die Brutalität der digitalen Zivilisation nichts Überraschendes. Auch in fortschrittlicheren Gesellschaften seien mimetische Opferungen niemals gänzlich verschwunden, meinte Girard. Solange eine Gesellschaft nicht in der Lage sei, Konflikte zu lösen, würde sie immer neue Kanäle finden, denn der Mechanismus des Sündenbocks sei *zyklisch*.

Im Laufe der Jahrhunderte ist es den Menschen mühsam gelungen, moderne Rechtsstaaten aufzubauen, um die mimetischen Gewaltspiralen zu regulieren. Doch als die Gründer des Silicon Valley die historische Bühne betraten, waren deren Vorstellungen von Fortschritt gänzlich andere. Disruption war etwas Positives. In der Zivilisation, die sie an die Welt weitergeben wollten, waren all jene Bremsen, die als Konsequenz der grundlegenden Erkenntnis, dass Gewalt Gewalt hervorrufe, am Rad der Gesellschaft montiert worden waren, verschwunden. Hier gab es keine Mechanismen zur Deaktivierung der Mimesis. Weder rechtliche Institutionen, Presseethik noch »Priester«, die uns in regelmäßigen Abständen zusammenriefen, um unsere Sünden auf dem Rücken eines Bocks in die Wüste schicken zu können.

Mensch und Algorithmen waren einander überlassen worden. Hinzu kam, dass die Aufmerksamkeitsökonomie den Sündenbockmechanismus nicht nur ermöglichte, sondern diesen auch noch profitabel machte. Mobbing ist in den sozialen Medien keine bloße Nebenwirkung, kein *bug*, wie Shullenberger bemerkt hat. Es ist ein *feature*, ein charakteristisches Merkmal. Mehr als ein Jahrzehnt haben wir gebraucht, um festzustellen, dass der Mensch des 21. Jahrhunderts an Opferritualen, Beschimpfungen und Spott genauso viel Freude hat wie der durchschnittliche Mensch des Mittelalters.

Ich denke an jene, die nicht mitgedacht haben. Die, ohne weiter darüber nachzudenken, etwas gepostet haben, das vielleicht falsch war, vielleicht dumm war. So etwas könnte zum Beispiel mir passieren.

Eines Morgens wachen sie auf, greifen zum Handy und sehen, dass sie millionenfach getaggt worden sind. Und jetzt ist nichts mehr zu retten. Jetzt begreifen sie, dass das, was sie am Abend zuvor geschrieben haben, nicht nur unbedacht und dumm war, sondern vollkommen unverzeihlich. In den nächsten Wochen erleben sie, wie ihr Leben demontiert wird, Freundinnen und Freunde ängstlich werden und sich allmählich von ihnen zurückziehen, wie sie von den Leuten auf der Straße nicht mehr gegrüßt werden, ehe sie schließlich von der Versicherungsgesellschaft, dem Laden oder der Behörde, in der sie arbeiten, entlassen werden.

Wer glaubt, dass verbale Äußerungen nicht schaden können, sollte sich Menschen anschauen, die sich mitten in einem Shitstorm befinden. Es ist leicht zu sehen, dass der Unterschied zwischen virtueller und realer Gewalt nicht besonders groß ist: Wer virtueller Gewalt ausgesetzt ist, krümmt sich zusammen, benimmt sich wie ein ängstliches Tier, das gejagt wird. Der Sündenbockmechanismus fordert viele zivile Opfer.

Menschenmassen können bemerkenswert koordiniert auftreten. Wie ein Schwarm Vögel oder Fische. Und ein Merkmal der Masse ist, dass sie bereit ist, weiter zu gehen, als jedes einzelne Mitglied allein zu gehen bereit wäre.

Das Wort »Mob« leitet sich von »mobil« ab. Der Mob ist irgendwohin unterwegs.

Girard hat niemanden von dieser Gewaltlogik freigesprochen. Ob geistlich oder weltlich, arm oder reich, nichts bot eine Garantie. Den Mechanismus gab es auf der politischen linken Seite ebenso wie auf der rechten. Der Sündenbockmechanismus ist schlicht und einfach menschlich.

Das bedeutet nicht, dass alle Gemeinschaften die gleiche Einstellung zu Sündenböcken haben. Beim Identitarismus auf der rechten Seite ist die Stigmatisierung von Minderheiten in der Ideologie selbst verankert. Was lose in die Kategorie »Alt-Right« fällt, hat es sich zur Hauptaufgabe gemacht, Hass und Verschwörungstheorien über Juden, Muslime und Schwarze zu verbreiten. Die sogenannte »Manosphere« hat sich auf Mobbing-Memes über Feministinnen und Transpersonen spezialisiert. Die Aufmerksamkeitsökonomie hat ihren Anteil am Erfolg der rassistischen »alternativen Rechten«. Sündenböcke sind Klickköder. Sie sorgen für *web traffic* und somit für Einnahmen in diesem Ökosystem. Ohne ein gewisses Gespür für viralen Lärm erzeugendes Klatsch-Clickbait könnten sich Seiten wie breitbart.com wohl kaum über eine derart große Leserschaft freuen.

Sowohl die #MeToo-Bewegung als auch die Auseinandersetzung mit Rassismus im Rahmen von Black Lives Matter tragen Elemente der Sündenbockopferung in sich. Bei #MeToo zeigte sich das globale Potenzial mimetischer Technologie, und bereits im Namen der Bewegung war die Kraft der Mimesis ausgedrückt: Wir sind viele, wir sind gleich. Der Fall der Männer im Zuge von #MeToo brachte demokratische Fortschritte mit sich, aber in ihrer intensivsten Phase wurden im Rahmen der Bewegung auch wesentliche Unterscheidungen ausgelöscht. Alle Männer wurden »gleich«, Übergriffe und geringfügige Kränkungen wurden über einen Kamm geschoren, und #MeToo wurde zu *einer* Stimme ohne Abweichungen. Auch die Auseinandersetzung mit dem Rassismus des Westens ist nicht durchweg gerecht. Nicht selten werden Menschen, die in keiner sinnvollen Bedeutung des Wortes als rassistisch zu bezeichnen sind, für das historische und grausame Unrecht gegen Minderheiten zur Verantwortung gezogen. In Echos Epoche kommt es ständig vor, dass Einzelpersonen zu Surrogatopfern für komplexe, systemische Diskriminierungsprobleme werden.

Sündenböcke sind nicht immer unschuldig. Sie mögen etwas Abwertendes gesagt haben oder einem Vorurteil aufgesessen sein. Die Strafe, die sie erhalten, steht jedoch in keinem vernünftigen Verhältnis zum begangenen »Verbrechen«. Sie mag sich gerecht anfühlen in der Hitze des Augenblicks, denn immerhin soll der Sündenbock für die Sünden einer gesamten Kultur büßen, und da ist keine Strafe zu groß. Und einige würden argumentieren, dass es das Unrecht wert sei, um sozialen Fortschritt zu garantieren. Darauf hätte Girard geantwortet, dass mimetische Gewalt niemals progressiv wirkt. Sündenböcke verschieben Gewalt, sie lösen sie niemals auf. Das Einzige, was in der Lage ist, gewaltfreie Kulturen zu schaffen, ist die Rückstellung der mimetischen Spirale. Wissen, ein funktionierendes Rechtssystem und ein Begriff, der für Girard wichtig war: *Vergebung*.

Der erste Stein

Die Geschichte lautet wie folgt: Die Pharisäer bringen eine Frau zu Jesus. Sie hat Ehebruch begangen, und das Gesetz verlangt von den Pharisäern, sie zu steinigen. Sie fragen: Was sollen wir tun? Die Antwort ist bekannt und lautet: »Wer von euch ohne Sünde ist, der werfe den ersten Stein.« Die Pharisäer stehen lange da, sehen ihn an und warten, aber Jesus ignoriert sie. Schließlich gehen sie, einer nach dem anderen, und nur die Frau bleibt zurück.

Worauf René Girard in dieser Szene besonderes Gewicht legt, ist die entscheidende Bedeutung des ersten Steins. »Den ersten Stein zu werfen, ist am schwierigsten«, schrieb er, »weil er der einzige ist, der kein *Modell* hat.« Sobald der erste Stein geworfen wird, ist die Sache gelaufen. Ein Erdrutsch »mimetischer Steine« wird folgen, bis am Ende die Frau zu Tode gesteinigt wird.

Girard fordert den Leser dazu auf, den Verdacht stets nach innen zu lenken: »Warum siehst du den

Splitter im Auge deines Bruders, aber den Balken in deinem Auge bemerkst du nicht?« Die Energie, die wir daraus beziehen, wenn wir Anschuldigungen erheben, wenn wir »mutig« Kritik üben, diese Energie sollten wir laut Girard mit Interesse betrachten, denn sie enthüllt etwas Wichtiges über uns selbst. In Krisenzeiten sollten wir uns fragen: Wen vergöttere ich, wen verachte ich? Und *wer bin ich*, wenn ich folge und verfolge?

In Krisenzeiten muss man sich bewusst dafür entscheiden, ein Spiralenstopper zu sein. Für Girard war Vergebung keine selbstzerstörerische oder weichliche Lösung, sondern eine Methode, die systematische und harte Arbeit erforderte. In Krisenzeiten, sagt die Autorin und Girard-Expertin Ida Lødemel Tvedt in ihrem Nachwort zur norwegischen Ausgabe von Girards *Sündenbock*, müsse man *make love*, wie es auf Englisch heißt, ein aktives Schaffen von Liebe.[106]

Echo ist die allzeit Anonyme, eine unbewusste Strömung in der Gesellschaftspsychologie und in uns selbst. Hier, im Bereich der moralischen Befreiung, die die Anonymität bietet, liegt ein weiteres Problem der sozialen Medien. Das Gefährlichste an Echo ist nicht, dass sie niemand ist, sondern dass sie *glaubt*, niemand zu sein. Denn Echo besitzt durchaus Macht, sie übernimmt nur keine Verantwortung dafür.

Ich erinnere mich an einen Film des österreichischen Regisseurs André Heller aus dem Jahr

2001. Der Film porträtiert eine einundachtzigjährige Dame namens Traudl Junge. Über Hitler sind tonnenweise Bücher geschrieben und unzählige Filme gedreht worden. Aber Traudl Junge war Hitlers Sekretärin gewesen.

Der Film hieß *Im Toten Winkel.* Die alte Dame, die in ihrer Jugend still im Führerbunker gearbeitet hatte, lebt in einer bescheidenen Einzimmerwohnung in München. Im Film spricht sie langsam und leise. Sie sei damals so jung gewesen, habe nicht viel über Politik nachgedacht, sagt sie. Und als sie während der Nürnberger Prozesse vom Schicksal von sechs Millionen Jüdinnen und Juden erfahren habe, sei sie sich keines Zusammenhangs zwischen sich selbst und diesen Ereignissen bewusst gewesen. Sie habe ihren Job erledigt, stenografiert, Papiere sortiert.

»Ich hab gedacht, jetzt bin ich an der Quelle der Information, und ich war im toten Winkel«, sagt sie.

Die Sekretärin war damals in ihren Zwanzigern. Sie scheint tatsächlich geglaubt zu haben, dass dieses große Selbst dem Führer allein entwachsen war und nicht ihrem eigenen Blick. Sie hielt den Narzissten für vollkommen, für die Quelle selbst. Im Fahrwasser vieler schrecklicher Ereignisse der Geschichte ist dieser tote Winkel oft als ein »Ich wusste von nichts« zum Ausdruck gekommen. Die Menschen verstehen nicht, dass sie an den Ereignissen selbst beteiligt waren. In Echos totem Winkel befindet sich im Grunde sie selbst.

Ein Jahr nachdem das Interview aufgenommen wurde, 2002, starb Traudl Junge. Im Film sagt sie, sie habe endlich verstanden, wo der Fehler gelegen habe: Sie hatte sich selbst als »kleines Ding« betrachtet.

Jede und jeder von uns *ist* wichtig. Nicht nur für sich selbst, sondern auch kraft unserer Wirkung aufeinander.

Jede und jeder hält einen Stein in der Hand. Es ist der erste Stein.

Armageddon

Manchmal muss einfach ein Sieger gekürt werden. Um in einem Schachturnier eine Entscheidung zu erzwingen, spielt man eine Armageddon-Partie.

Peter Thiel hat sich nun schon eine ganze Weile ruhig verhalten. Täglich durchsuche ich das Internet nach seinem Namen, finde jedoch nichts Neues. Für mich ergibt das durchaus Sinn. Er ist in Deckung gegangen.

Im Jahr 2011 erwarb Thiel die neuseeländische Staatsbürgerschaft. In dem Inselstaat soll er sich 193 Hektar Land gekauft haben. Meilenweit unberührte Natur in einer der schönsten Landschaften der Welt. Auf dem Gebiet, das er gekauft hat, gibt es Hügelkämme und einen See. Es handelt sich um eine pittoreske, stillgelegte Schaffarm. Thiel befindet sich nun in seinem eigenen Reich, *save the Shire*.

Neuseeland ist ein Paradies. Während der Rest der Welt von Covid-19 verwüstet wurde, ist der Inselstaat verschont geblieben. Das ist der Vorteil davon, nicht mit dem Rest der Welt verbunden zu sein. Das Inselreich schloss einfach seine Grenzen. So konnte Thiel frei umherwandern, während die Welt mit ihrer Todesangst rang. Er blieb von Gezänk und Gezeter unberührt.

Ich sehe ihn vor mir, auf seinem Weg über die grünen Hügel zu den schneebedeckten Gipfeln der Vulkanberge. Diese Landschaften hat schon der Zauberer Gandalf mit seinem Umhang und seinem Stab durchwandert, denn hier wurde die gesamte *Herr-der-Ringe*-Trilogie[107] gedreht.

Und hier hat sich Thiel auch ein Haus gekauft, am Rande der kleinen Stadt Queenstown, wo nur 16 000 Menschen leben. In der Zeitung New Zealand Herald lese ich, das Haus habe 2,7 Millionen Euro gekostet.[108] Im Artikel sind Grundrisse und Architektenzeichnungen abgebildet. Das Haus hat vier Schlafzimmer, wie man auf den Zeichnungen sieht. Im größten, dem *master bed room*, gibt es einen Anbau, der früher als begehbarer Kleiderschrank genutzt wurde. Hier hat sich Thiel eine Sonderanfertigung machen lassen. Er wollte den Raum gepanzert und kugelsicher haben, steht im Artikel. Ein *panic room*.

Manche glauben, mit Joe Biden im Weißen Haus seien die USA wieder zur Normalität zurückgekehrt. Aber ist der Geist erst einmal aus der Flasche, kann er nicht so leicht wieder hineingezwängt werden. Thiel beobachtet jetzt das Spiel, während er sich seinen nächsten Zug überlegt. Wohin wird sich die Wut von 73 Millionen Wahlverliererinnen und -verlierern kehren?

Wie weit ist die lose organisierte Alt-Right-Bewegung zu gehen bereit? Diese Menschen, die Thiel verehren, sind Teil einer üblen Allianz aus Faschisten, Waffenbefürwortern, Staatsfeinden, Rassisten und Verschwörungstheoretikern. Sie alle eint der Wunsch, den Trumpismus überleben zu sehen. Das möchte auch Thiel, diesmal aber ohne Trump.

Das Jahr 2020, in dem sich Thiel von der politischen Bühne zurückzog und die Pandemie, Polizeibrutalität, Aufstände und Naturkatastrophen in den Vordergrund gerieten, wurde zum einträglichsten in Peter Thiels Karriere. Er hat während dieses Jahres sein Vermögen mehr als verdoppelt.[109]

Thiel hat sich also positioniert. Er verfügt über Überwachungsmacht, Zugang zum Militär, intellektuelle Kapazität, außerordentlich viele Milliarden Dollar und sein eigenes Reich, wo er sich vor der Apokalypse schützen kann. Und er hat ein Ziel: ein zivilisatorischer Zusammenbruch als Wegbereiter für einen läuternden, reinigenden

Kapitalismus. Thiel möchte Macht, aber er beabsichtigt nicht, diese durch demokratische Wahlen zu gewinnen. Dass dies unter seiner Würde liegen würde, hat er mehr als deutlich gemacht.

Lange Zeit war Armageddon in Schachturnieren verboten. Nur wenn das Turnier in einem Unentschieden feststeckt, bietet diese Spielform eine letzte Möglichkeit. Man nennt sie auch »schmutziges Schach« und »Straßenschach«. Die Bedenkzeit ist hierbei sehr kurz, was dazu führen kann, dass Figuren umfallen und auf dem Brett Chaos ausbricht. Aber es gibt einen unbestreitbaren Vorteil: Armageddon beendet das Spiel, sodass ein neues beginnen kann.

Wenn ein neues Spiel beginnt, geht es zunächst einmal ans Warten. Eine Apokalypse muss nicht unbedingt lange dauern. Und Thiel hat vor, mindestens bis zu seinem hundertfünfzigsten Lebensjahr zu leben, vielleicht sogar länger.

Ich habe immer gedacht, der Tod sei demokratisch. Der Tod gleiche alle Unterschiede aus, vor dem Tod seien wir alle gleich.

Aber jetzt, da ich Peter Thiel so lange gefolgt bin, bin ich mir nicht mehr sicher. Thiel glaubt weder an die Demokratie noch an den Tod. Das sei eine Frage des Glaubens, sagt er. Und mit Thiels Regeln könnte sich das Spiel für uns alle ziemlich anders entwickeln. In der Zukunft wird selbst der Tod noch Unterschiede zwischen uns machen.

DAS WASSER

Eine merkwürdige Stille herrscht an der Quelle, zu der Narziss kommt, erzählt uns Ovid. »Schlammlos war ein Quell mit silbern erglänzenden Wellen, | den niemals ein Hirt, noch am Berge geweidete Ziegen | hatten berührt, noch anderes Vieh, den keiner der Vögel | hatte getrübt, kein Wild, kein niedergefallener Baumzweig.« Als sich Narziss niederbeugt, um seinen Durst zu löschen, »wird anderer Durst wach; | denn im Trinken vom Schein des gesehenen Bildes bezaubert, | liebet er nichtigen Wahn: er hält für Körper, was Schatten.«

Was tut ein Mensch, der von seinem eigenen Bild gefangen wird? Das Begehren des Narziss kann niemals erfüllt werden. Jeder Versuch, sich zu nähern, wird ihn dem Tod näher bringen. »Was ich begehre, ist mein!«, erkennt er. Schließlich kommt der Tod, um seine Augen zu umnachten. »Leb wohl!«, ruft Narziss sich selbst zu. »Leb wohl!«, tönt aus den Bergen das Echo.

Spieglein, Spieglein

Die folgende Bilderserie ist ein Klassiker der Kognitionswissenschaft. Nennen wir sie *Baby mit Mann, 1977*. Die Serie besteht aus sechs Schwarz-

Weiß-Fotos, die ursprünglich Stills aus einer Videoaufnahme sind. Die Bilder sind in zwei Reihen angeordnet. Die obere zeigt einen Mann mit einer unverkennbaren Siebzigerjahrefrisur. Die untere zeigt ein neugeborenes Baby.

Auf dem ersten Bild streckt der Mann die Zunge heraus. Darunter sieht man das Baby, das den Mann intensiv anstarrt, während es ebenfalls mühevoll die Zunge aus dem Mund streckt.

Auf dem nächsten Bild hat der Mann seinen Gesichtsausdruck verändert, er macht einen Schmollmund. Auf dem Bild darunter ist es dem Baby mit einem Ausdruck höchster Konzentration gelungen, die Lippen zu einem Schnabel zusammenzuziehen.

Auf dem dritten Bilderpaar ist der Mann mit weit geöffnetem Mund zu sehen. Der Mund des Babys formt ein großes »O«.

Die Entdeckung war bahnbrechend. Bis zu diesem Tag im Jahr 1977 hatte es als wissenschaftliche Wahrheit gegolten, dass Babys erst im Alter von acht bis zwölf Monaten in der Lage seien zu imitieren. Der Mann auf dem Bild, der Wissenschaftler Andrew Meltzoff von der Universität Oxford, hatte zusammen mit seinem Kollegen Keith Moore gezeigt, dass Säuglinge vom Moment ihrer Geburt an imitieren. Ohne sein eigenes Gesicht je gesehen zu haben, erkennt das neugeborene Kind instinktiv den Zusammenhang zwischen dem Körperteil, den es bei einem anderen Menschen sieht, und demselben Körperteil bei sich selbst.

In *Mimesis and Science*, einem Werk, das eine Brücke zwischen René Girards Theorie und der Neurobiologie schlägt, schreibt Andrew Meltzoff, die Imitation der Neugeborenen sei ein Schlüssel zum Verständnis unserer ursprünglichen Ausrichtung: »Menschen lernen durch Imitation, aber sie müssen nicht lernen zu imitieren.«

Vor der Sprache, vor dem Bewusstsein: Im Anfang gibt es nur Hunger und Imitation.

Wir wissen, dass uns bestimmte Instinkte ein Leben lang begleiten. Dass wir gähnen, wenn andere gähnen. Auch Lachen überträgt sich von Mensch zu Mensch. Wenn ich auf der Straße gehe und die Menschen um mich herum anfangen zu rennen, zucken auch meine Füße. Und während einer Pandemie kann man, wenn man genau aufpasst, die Angst schwelen spüren. Bei einer Massenpanik wird niemand mehr einen Sicherheitsabstand von zwei Metern einhalten.

Solche gemeinsamen Reflexe haben schon immer das Interesse der Wissenschaft geweckt. In der Mitte des 18. Jahrhunderts beschrieb Adam Smith das Verhalten der Zuschauer von Seiltänzern, die auf dem Boden »balancierten« und den Atem anhielten, als könnten sie dadurch dem Tänzer helfen, sich in der Luft zu halten. Hundert Jahre später, im Jahr 1859, wunderte sich Charles Darwin darüber, dass Zuschauer bei Hochsprungwettbewerben die Beine anspannten, während der Athlet Anlauf nahm.[110] Die Autorin Siri Hustvedt, die mehrere Bücher über Neurologie geschrieben hat, erzählt, dass sie beim Füttern ihres Babys immer automatisch selbst den Mund öffnete, während sie den Löffel zum Mund des Babys führte. Ein Verhalten, das vermutlich viele Mütter an sich selbst wiedererkennen können. »Mitfüttern« scheint ein universaler Reflex zu sein, der in vielen verschiedenen Kulturen beobachtet wurde.[111]

Der Psychoanalytiker Jacques Lacan verwendete den Begriff der Spiegelphase, um die besondere Phase zu beschreiben, in der das Kind im Alter von etwa zwei Jahren ein Bewusstsein seiner selbst entwickelt. Das Kind spiegelt sich in anderen Menschen, insbesondere in der Mutter und dem Vater. Dieser Prozess ist als »Geburt des Selbst« bezeichnet worden; das Kind beobachtet die Reaktionen seiner Eltern auf sich selbst und identifiziert sich mit diesen Reaktionen. Später änderte Lacan seine Meinung dahingehend, dass er behauptete, Spiegelung finde nicht nur bei Kindern statt, sondern sei eine dauerhafte Struktur in der Subjektivität des Menschen.

Wir spiegeln uns ständig – auch als Erwachsene. Dein Blick ist voller Koordinaten, die für mich notwendig sind. Drücke ich mich verständlich aus, bin ich willkommen, bin ich niemand oder jemand? Ein Großteil der komplexen Informationsverarbeitung geht weitgehend unbewusst vor sich. Ein Blick kann warm oder kalt sein, weich oder hart, streng oder mild, aber gesehen zu werden, ist immer eine prägende Erfahrung. Ein völlig lebloser Blick ist beängstigend. Von einem leblosen Blick gesehen zu werden, fühlt sich an, wie selbst ein wenig zu sterben.

Im Jahr 1996 entdeckten fünf italienische Neurologen in einem Labor in Parma im Rahmen ihrer Forschung am motorischen System im Gehirn von Makakenaffen das Spiegelneuron. Die Entdeckung war reiner Zufall. In einer Pause, als die Registrierungsapparate noch eingeschaltet waren, griff einer der Forscher nach einem Apfel (einigen Quellen zufolge war es eine Erdnuss). Zu seiner Verblüffung sah er, dass bestimmte Elektroden, die mit dem Gehirn eines der Affen verbunden waren, aufleuchteten. Die Ausrüstung zeigte, dass das Gehirn so reagierte, als hätte der Affe selbst nach dem Apfel (oder der Erdnuss) gegriffen.

Zwischen dem Gehirn der Makakenaffen und dem des Menschen besteht eine beträchtliche Ähnlichkeit. Daher wurde die Entdeckung sofort als Hinweis darauf anerkannt, dass es auch im menschlichen Gehirn Spiegelneuronen gebe. Und mit seinem klangvollen Namen erlangte das Neuron auch weit jenseits der Forscherkreise Berühmtheit. In der populärwissenschaftlichen Literatur wurde es als etwas sensationell Schönes dargestellt: das poetische Empathie-Neuron.

Die italienischen Forscher selbst betonten, dass das Wissen darüber, wofür diese Gruppe von Neuronen eigentlich stehe, immer noch sehr begrenzt sei. Ist es Lernfähigkeit? Empathie? Wettbewerbsinstinkt? Während es über die genaue Rolle des Neurons im Gehirn nach wie vor Kontroversen gibt, ist die Existenz von Spiegelsystemen im menschlichen Gehirn mittlerweile unumstritten. In den letzten Jahrzehnten ist es mithilfe von Hirnscannern gelungen, das menschliche Gehirn während komplexerer Experimente zum Thema Imitation zu studieren. Solche Experimente zeigen eine Art Mit-Erleben. Zum Beispiel: Wenn Sie etwas Ekelhaftes in den Mund nehmen und ich Ihr verzogenes Gesicht sehe, wird in meinem Gehirn derselbe Teil aktiviert wie in Ihrem. Wenn ich jemanden mit der Hand über Ihre Wange streichen sehe, zeigt sich das auch in meinem Gehirn. Das Gehirn ist nicht so isoliert, wie wir bisher gedacht haben.

Einer der fünf Forscher in jenem Labor in Parma war Vittorio Gallese, Professor für Neurophysiologie. Galleses eigene neurologische These besagt, dass Menschen in der Begegnung mit anderen eine »wir-zentrische« Zone etablieren. Diese Zone ermöglicht uns, Erfahrungen und Emotionen zu teilen, die Körpersprache sowie die Absichten anderer Menschen zu verstehen. Es sei nicht falsch, den Begriff »Empathie« zu verwenden, sagt Gallese, aber er selbst meide den Begriff, da er leicht missverstanden werden könne. Zwar sei die Vorstellung naheliegend, dass man nun für Sympathie, Verbundenheit und Altruismus einen »neurobiologischen Beweis« gefunden habe. Aber das »Wir-Zentrische« in unserem Gehirn sei nicht per se freundlich oder moralisch. Es handle sich um einen funktionalen Mechanismus, der einem breiten Spektrum menschlicher Aktivitäten zugrunde liege.[112]

Hier bezieht sich Gallese auf René Girards mimetische Theorie. Aus neurobiologischer Sicht seien Girards kulturhistorische Beobachtungen ziemlich überzeugend, sagt er. Seine Entdeckungen würden alle Arten von Einfühlungsvermögen zu erklären scheinen, und nicht nur die »freundlichen« Formen. Der Mensch zeichne sich vor allem durch eine besondere Offenheit für andere Menschen aus. In der »wir-zentrischen« Zone seien wir empfänglich, sowohl für Empathie als auch für Aggression.

Dieses naturwissenschaftliche Interesse an der Imitation ist ziemlich neu. Gallese hofft auf eine Zusammenarbeit verschiedener Disziplinen wie Neurologie, Psychologie und Philosophie, um dem Geheimnis des Menschen gemeinsam auf den Grund zu kommen. Wir verändern uns mit unserer Umgebung: »Ich spiegele, also bin ich.« So wird die Wahl der Umgebung auch zu einer wichtigen ethischen Angelegenheit. Was passiert, wenn wir Technologie als Spiegel benutzen?

Zu allen Zeiten hat der Mensch begierig nach der zur jeweiligen Zeit fortschrittlichsten Technologie gegriffen und sie als Spiegel seiner selbst benutzt. In seinem Artikel »Brain Metaphor and Brain Theory« führt uns der Hirnforscher John Daugman zuerst ins antike Griechenland mit seiner Wassertechnologie. Unter Einwirkung dieser aus Pumpen, Schläuchen und Brunnen bestehenden Technologie habe der Arzt Hippokrates 400 Jahre vor Christus seine Humoralpathologie des Menschen entwickelt – eine Theorie über die Körpersäfte. Laut Hippokrates mussten Blut, Schleim, gelbe und schwarze Galle im Gleichgewicht sein, damit der Mensch gesund sein konnte. Später sollte einer der einflussreichsten Mediziner der Geschichte, der römische Arzt Galen, der im 2. Jahrhundert lebte, die »wassertechnologische« Metapher weiter ausbauen. Galen glaubte, die verschiedenen Temperamente würden durch Ungleichgewichte in den Körpersäften verursacht: Zu viel gelbe Galle führte zu einer reizbaren und cholerischen Gemütslage, während eine ruhige, phlegmatische Person zu viel Schleim in sich hatte. Beim fröhlichen Sanguiniker saß das Ungleichgewicht im Blut, während der Melancholiker von zu viel schwarzer Galle belastet war. Die Adern des Körpers wurden als hohle Kanäle betrachtet, durch welche die Lebenssäfte zum Gehirn strömen könnten. Die Technologie seiner

Zeit hatte Galen dazu inspiriert, das Gehirn als »hydraulisches System« zu betrachten. Die Humoralpathologie hielt sich bis 1850, als sie von der modernen Medizin abgelöst wurde.

In der viktorianischen Ära waren es Dampfmaschinen, die der Vorstellung vom Geist als hydraulisches System neue Nahrung boten. Daugman ordnet Sigmund Freuds Analyse des Unterbewusstseins in diese Tradition ein. Schiffe, Züge und Fabriken wurden von Maschinen angetrieben, die Dampf in Behältern einfingen und somit Druck aufbauten, der die Maschine in eine bestimmte Richtung schickte. Parallel hierzu wurde der menschliche Geist zu einem pumpenden Druckkessel, einer Maschinerie, in der unser »innerer Druck« aufgebaut, umgeleitet (sublimiert) und in Handlungen freigesetzt werden konnte. Auch heute noch ist das Vokabular der Psychologie voller Konzepte aus der mechanischen Ingenieurkunst.[113]

Die Vorstellungen vom Gehirn als Maschine haben sich mit dem Übergang von mechanischer zu elektronischer Technologie verändert. Wahrscheinlich war es Descartes, meint Daugman, der im 17. Jahrhundert die Grundlage für die Maschinenmetaphorik legte. Der Philosoph zog eine klare Trennlinie zwischen Geist und Körper, eine Sichtweise, die weitreichende Auswirkungen auf das westliche Verständnis des Lebens im Allgemeinen haben sollte. Unsere physischen Körper, sowie alle Tiere, gehörten seiner Meinung nach zur Domäne des Seelenlosen. Er ging davon aus, dass Tiere keine Gefühle hätten. Wir sollten keine Skrupel haben, Tieren Schmerzen zuzufügen, meinte Descartes, denn sie seien *automata*, nichts als fortgeschrittene Maschinen.

Aus der Aufklärungszeit datieren Darstellungen des Gehirns als tickendes Uhrwerk mit Zahnrädern, Federn und Pendeln. Im Jahr 1749 wurde der ganze menschliche Körper vom Arzt und Philosophen Julien Offray de La Mettrie in seinem Buch *L'homme Machine* als ein Motorsystem beschrieben: »Menschen sind Maschinen, (...) eine Ansammlung sich gegenseitig aktivierender Federn«, schrieb er.[114] Als im 19. Jahrhundert der Telegraph erfunden wurde, nutzte der Wissenschaftler Hermann von Helmholtz die Innovation als Metapher für neuronale Netzwerke. Und mit dem Durchbruch des Telefons im 20. Jahrhundert wurde die Zentrale zu einer gebräuchlichen Metapher.

Seit den 1960er-Jahren dominiert die Computermetapher sowohl die Kognitionswissenschaft als auch unsere täglichen Denk- und Sprachgewohnheiten. Wir sprechen vom Gedächtnis als »Festplatte«, wir »speichern Erinnerungen« und »verarbeiten Informationen«. Die Metaphern haben sich weiterentwickelt, parallel zur Entwicklung der Smarttechnologie. Anfangs wurde das Gehirn mit einem Prozessor verglichen, wobei das Gehirn die Hardware und die Seele die

Software war. In den 1980er-Jahren betrieb das Gehirn »algorithmische Symbolverarbeitung«, und mit dem Aufkommen des Internets wurde das Gehirn schließlich als dezentrales System betrachtet.

Die Gründer des Silicon Valley machen sich diese Art von Sprache mit visionärer Begeisterung zu eigen. So etwa äußert sich Google-Mitbegründer Larry Page über menschliche Intelligenz:

> Meine Theorie ist folgende: Wenn du dir deine Programmierung, also deine DNA, ansiehst, so kann die auf 600 Megabyte komprimiert werden. Das ist weniger, als moderne Betriebssysteme ausmachen. (...) Deine Programmalgorithmen sind also nicht sonderlich kompliziert. Intelligenz ist wahrscheinlich vor allem eine Frage der gesamten Rechenleistung.[115]

Der Hirnforscher Daugman betrachtet die heutige Computermetaphorik und den enormen Hype von *computational theories* über dieses oder jenes mit einer gewissen Skepsis. Auch wenn wir uns heute über unsere Vorgänger amüsieren, über die Naivität der Modelle des menschlichen Geistes aus der Antike und dem 19. Jahrhundert, so kann keineswegs behauptet werden, die heutige Computermetaphorik sei in irgendeiner Weise treffsicherer als die Modelle der Vergangenheit. Warten wir nur ab, scheint Daugman zu sagen, in der Zukunft könnte dieser Witz leicht von uns selbst handeln.[116]

Für mich persönlich ist der Computer selbst keine sonderlich ansprechende Metapher. Fast scheint er ein wenig zu verschleiern, was ich zu verstehen versuche. Er besitzt kein Begehren, keine Unruhe, keine Motive. Wie kann also der Computer ein gutes Modell für das menschliche Denken sein?

Dennoch, im Vergleich zu Wasserpumpen, Dampfmaschinen, Uhrwerken und Telefonzentralen frage ich mich, ob die Verbindung zwischen uns und künstlicher Intelligenz möglicherweise etwas Radikales und wegweisend anderes repräsentiert.

Künstliche neuronale Netzwerke zum Beispiel: Wie sie funktionieren, übersteigt meinen Verstand, aber ich weiß, dass sie durch direkte Nachahmung des biologischen Nervengewebes im Gehirn entwickelt wurden. Maschinelles Lernen und *deep learning*, mit ihren großen Durchbrüchen im Silicon Valley im Jahr 2012, sind daher mehr als nur Erfindungen, in denen wir uns spiegeln. Die heutigen Gehirn-Metaphern können genauso viel verschließen, wie sie öffnen, aber die Verbindung zwischen dem menschlichen Gehirn und seiner äußeren Analogie ist in vielen Fällen ganz konkret. Mehr als bloße Metaphern könnte man sie vielleicht als Kopien, Modelle oder McLuhansch'e Erweiterungen unserer Gehirnfunktionen bezeichnen.

Das Neue an künstlicher Intelligenz ist vielleicht einfach, dass die Nachahmung direkter und bewusster und das erklärte Ziel manchmal reine Symbiose ist. Der Historiker Yuval Harari berührt etwas Ähnliches, wenn er den Bruch mit den Technologien der Vergangenheit beschreibt:

> In früheren Jahrhunderten ging es darum, bessere Maschinen zu erschaffen. In diesem Jahrhundert wird sich alles darum drehen, bessere Gehirne zu erschaffen – zum Beispiel künstliche Intelligenz oder Cyborgs, biologische Menschen, die mit digitalen Netzwerken und Systemen verbunden sind. (...) Körper, Gehirne und Geist werden die wichtigsten Produkte des 21. Jahrhunderts sein.[117]

Künstliche Intelligenz ist, ähnlich wie die Dampfmaschine, die Elektrizität und das Internet, eine Allzwecktechnologie, was auf Englisch als *general purpose technologies* bezeichnet wird. Sie bildet die Basis für eine Vielzahl neuer Erfindungen, von denen viele wiederum als spektakulär, magisch und gefährlich wahrgenommen werden, als Kräfte, die sich außerhalb menschlicher Kontrolle befinden. Warum? Was ist es, das uns Menschen an diesen Technologien so tiefgreifend, psychologisch, gesellschaftlich und existenziell erschüttert?

Während ich dies schreibe, kommt es mir vor, als sähe ich plötzlich etwas Neues im Grundlegenden – nicht was die verschiedenen Produkte betrifft, sondern die künstliche Intelligenz selbst. Wenn ich mich zurücktaste an die Quelle der Lexikondefinitionen, steht da schwarz auf weiß geschrieben:

> Künstliche Intelligenz ist
> ... die Fähigkeit einer Maschine, intelligentes menschliches Verhalten zu imitieren (Merriam-Webster).
> ... die Entwicklung von Computersystemen, die intelligentes menschliches Verhalten nachahmen können (Oxford Dictionary).

Um das Erschütternde an künstlicher Intelligenz zu verstehen, ist das ausschlaggebende Wort vielleicht weder »künstlich« noch »intelligent«. Vielleicht ist es »imitieren«.

Und jetzt, wenn ich an den Schöpfungsmythos der künstlichen Intelligenz denke, erscheint er mir in einem neuen Licht. In der folgenden berühmten Geschichte spielt das Mathematikgenie Alan Turing die Hauptrolle. Die Frage, die Turing sich stellte, lautete: Wie sollte »Intelligenz« an sich definiert werden? Im Jahr 1951 präsentierte er ein hypothetisches Experiment. Ein Mensch, den Turing »den Richter« nannte, sollte mit zwei verschiedenen Akteuren sprechen. Der eine war ein Mensch, der andere war ein Computer. Beide sollten hinter einer Wand stehen, damit der »Richter« sie nicht sehen konnte. Konnte der Richter nicht feststellen, mit wem er kommuniziert hatte, Mensch oder Maschine, würde man die Maschine als intelligent definieren können, behauptete Turing. Dann hätte sie den Turing-Test gegenüber einem Menschen bestanden. Somit hätte die Maschine das *imitation game* gewonnen.

Was damals, vor siebzig Jahren, begann, war eine prägende und durchaus leidenschaftliche Interaktion zwischen dem Menschen und einer Technologie, die uns auf völlig neue Weise begegnete.

Denn Mimesis ist kein neutrales Bindeglied zwischen dem Imitierenden und dem Imitierten. Es ist eine menschliche *Bindungsform*, die in uns ein soziales und geistiges Verlangen weckt: Wer bin ich? Was bist du? Kann ich mich selbst finden, indem ich mich in dir spiegle? Diese Triebkraft ist in der Definition künstlicher Intelligenz enthalten. Nicht in dem Sinne, dass Maschinen Mimesis »betreiben« würden, wie wir Menschen es tun. Aber sie können mit uns auf eine Weise interagieren, die dem Menschlichen ähnlich ist, und ehe wir es wissen, hängen wir mit unserem ganzen Selbst in dieser »Beziehung« fest.

Künstliche Intelligenz hat uns vieles über das menschliche Bindungsmuster gelehrt. Wie sich zeigt, sind wir in der Lage, Bindungen zu fast allem herzustellen, solange es das Leben imitiert.

Wir können Liebesbeziehungen und Freundschaften mit Avataren eingehen, und das Weinen des Säuglingsroboters namens Kismet kann mütterliche Instinkte in uns wecken.[118] Einmal habe ich beobachtet, wie ein Mann einen Roboterhund getreten hat, und war von meiner eigenen Reaktion überrascht. Der Roboter brach zusammen, fiel zur Seite und trat mit den Füßen in die Luft. Eine Maschine aus Stahl, aber dennoch dieser dumpfe Druck in der Magengegend, als würde ein lebendiges Tier vor meinen Augen misshandelt.

Eines der ganz großen Projekte der Tech-Unternehmen ist dieser Tage *künstliche emotionale Intelligenz,* ein Milliardenmarkt. Empathische Maschinen. Intelligente Armbänder, die Gefühle durch Biosensoren erfassen. Gesichtserkennung, die Mimik interpretiert. Aus ganz normalen Produkten können die Tech-Unternehmen Gefühlsdaten extrahieren. Wenn wir beispielsweise unser Smartphone entsperren, geschieht dies durch Gesichtserkennung, was Apple und Google eine reiche Basis von Gesichtern zum Lernen bietet. Amazons Assistentin Alexa ist jetzt bereits imstande, aus unseren Stimmen Emotionen herauszuhören. Im Internet generiert Emotionserkennung unmittelbare Einnahmen. Je mehr wir fühlen, desto mehr klicken wir, und somit kaufen wir auch mehr.

Eine gewisse Traurigkeit liegt über diesem Markt, wenn man genauer hinsieht. Die im Silicon Valley entwickelte App Replika bietet ihren Nutzerinnen und Nutzern einen »künstlich intelligenten besten Freund« und hat derzeit über zehn Millionen User. Ein wiederkehrendes Thema, das in verschiedenen Online-Foren diskutiert wird, ist die Reaktion der User auf emotionale und sexuelle Annäherungen der Replika: Ist es okay, die Gefühle zu erwidern?, fragen sie einander. Wie eng »darf« die Verbindung zu ihrer Replika werden?

Solche mimetischen Dilemmata, um es in Ermangelung einer besseren Bezeichnung auszudrücken, treten auch auf größerer gesellschaftlicher Ebene auf. Nicht nur sind Facebook, Instagram und Twitter gigantische Barometer dafür, welche menschlichen Trends zu welcher Zeit gültig sind. Das Phänomen des *algorithmic bias* (algorithmische Voreingenommenheit) zeigt dasselbe aus einer anderen Perspektive. In Krankenhäusern, Banken und der Justiz werden heutzutage Algorithmen benutzt, um in großen Datenmengen Muster zu entdecken, die zu erkennen kein Mensch in der Lage wäre. Es hat sich jedoch herausgestellt, dass die Algorithmen die »Haltungen« der Gesellschaft systematisch weitergeben. So wurde etwa festgestellt, dass weißen Patientinnen und Patienten von den Algorithmen bessere Behandlungen »empfohlen« werden als schwarzen. Analog hierzu werden für gleichwertige Gesetzesverstöße schwarzen Kriminellen systematisch längere Gefängnisstrafen zugemessen als weißen. In Einstellungsprozessen haben sich Algorithmen als frauenfeindlich erwiesen, indem sie Frauen allein auf Grundlage ihres Geschlechts nicht für Top-Positionen in Betracht gezogen haben, und sie haben bei der Bearbeitung von Kreditanträgen Menschen in armen Gemeinden diskriminiert.[119] Wie aber kommt es zu rassistischen und diskriminierenden Algorithmen? Algorithmische Verzerrung entsteht, indem der Algorithmus ein Muster erkennt und dieses perfektioniert. Algorithmen durchforsten große Datensätze und übertragen so unsere gesamte Unterdrückungsgeschichte und jeden unserer blinden Flecken. Der Tech-Branche ist längst bewusst geworden, dass sie klassische Diskriminierung als normale Logik in digitale Systeme einbaut. Forscherinnen und Programmierer arbeiten daher fieberhaft daran, Kriterien für *gerechte* Algorithmen zu finden. Und hier liegt die Schwierigkeit. Obwohl künstliche Intelligenz offensichtlich dazu beitragen kann, dass Menschen gerechter und »objektiver« handeln, besitzt sie keine neutralen Daten als Grundlage. »Müll rein, Müll raus« wird in der Branche gerne über algorithmische Verzerrung gesagt. Menschen sind nicht neutral, sie sind es nie gewesen.

Vielleicht sage ich hier etwas völlig Elementares. Der eigentliche Zweck künstlicher Intelligenz ist, uns zu »ersetzen«, das heißt, Aufgaben schneller und besser zu erledigen, als wir selbst könnten. Die blinden Flecken, die emotionalen Bindungen, das Begehren, die Verzerrung; all dies entsteht selbstverständlich auf unserer Seite dieser Beziehung. Können wir die Wirkung der Mimesis auf uns selbst überhaupt überschauen? Mimesis ist *the things hidden*, wie Girard sagte. Sie macht uns zu Mitwirkenden in einem Zusammenspiel, wir stehen nicht mehr draußen und schauen zu. Also reduziert sich alles auf diese eine, schwierige Sache: Selbsterkenntnis.

Die Ethik der Spiegelung

Für eine Macht, die die Aufmerksamkeit von Milliarden von Menschen lenkt, gibt es keine historische Analogie. »Wir müssen ins Religiöse, Mythische und Totalitäre abschweifen, um etwas zu finden, das der Macht des Silicon Valley auch nur annähernd nahekommen würde«, sagt James Williams, der ehemalige Google-Ingenieur.

Ein Teil der Macht dieser besonderen Technologie könnte meiner Auffassung nach darin begründet sein, dass sie mehr oder minder unbegrenzten Zugang zu unserem Spiegelbild hat. An der Schnittstelle von künstlicher Intelligenz, Hirnforschung und Psychologie hat das Silicon Valley eine fortlaufende mimetische Machtform geschaffen. Und ich glaube, Williams hat recht, wenn er sagt, dass diese Machtform für unsere Identitätsbildung mindestens so prägend sei wie Politik und Religion. Tatsächlich fallen mir nur zwei andere Autoritäten ein, die heute einen derart effektiven Zugang zur Bildung unserer Identität haben. Es ist weder eine Religion noch eine Regierung. Es sind Mama und Papa.

In der Psychologie gibt es eine Praxis, die als »markierte Spiegelung« bezeichnet wird.[120] Markierte Spiegelung bedeutet, das Gegenüber zu spiegeln, gleichzeitig jedoch seine Objektivität zu behalten. Eltern spiegeln den emotionalen Zustand ihres Kindes, ohne jedoch dabei selbst zum Kind zu werden. Für die Entwicklung des Kindes ist es unerlässlich, dass die Eltern bleiben, wer sie sind. Sie sollen eine sichere Wand sein, die weder fällt noch Risse bekommt, wenn das Kind in Schwierigkeiten gerät. Das klingt ziemlich anspruchsvoll – um das zu schaffen, muss man offensichtlich einiges darüber begriffen haben, wer man selbst ist.

Was mir an diesem Prinzip wichtig erscheint, ist die Bedeutung, die Objektivität für unser mimetisches Leben hat. Ab und zu brauchen wir eine Wand, gegen die wir laufen können. Olav Duun sagte, dass der Mensch erst dann in Berührung mit seinem Innersten komme, wenn er mit dem Kopf gegen die Wand gestoßen sei und überhaupt nichts mehr verstehe. Liegt hier der Sinn der markierten Spiegelung? Jemanden auf reife Weise zu spiegeln, ist nicht dasselbe wie reine Imitation. Die spiegelnde bietet der gespiegelten Person ein Bild, in dem auch ihre eigene innere Grenze sichtbar wird. So entstehen Unterschiede zwischen uns, und durch Unterschiede entsteht Entwicklung.

Könnte man diese stabilisierende Funktion vielleicht als eine Ethik der Spiegelung bezeichnen?

Psychologinnen und Psychologen sind sich der Verletzbarkeit und Formbarkeit des Menschen bewusst. Sie wissen, dass Spiegelung eine große Verantwortung mit sich bringt. Die Spiegelökonomie des Silicon Valley hingegen funktioniert völlig anders. Ihre Nachahmung beharrt auf einem Verhältnis von 1:1. Der kleinste Klick von uns löst eine ganze Reihe mimetischer Algorithmen aus. Es ist, als wäre man ständig von Ja-Sagern umgeben – die einem noch dazu etwas verkaufen möchten.

Und dieser Verlust an Objektivität, den personalisierte Algorithmen repräsentieren, hat gerade erst begonnen. In der Zukunft werden wir in *Smart Homes* in *Smart Cities* leben und *Smart Cars* fahren. Algorithmen werden kontinuierlich unseren Tonfall, unsere Gesichtsfarbe, unsere Flüssigkeitsbalance, unsere Temperatur und unseren Herzschlag sowie unsere Augenbewegungen auswerten. Alles Wichtige wird seinen digitalen Zwilling haben, der durch einen Klick aktualisiert werden kann. In einigen Jahren werden wir auf Assistenten wie Google Home, Alexa und Siri zurückblicken wie auf ein Faxgerät.

Die materielle Realität scheint zurzeit einen bemerkenswerten Statusverlust durchzumachen. Nehmen wir nur Mark Zuckerbergs neue Smart-Brillen, die im Jahr 2021 auf den Markt kamen. Bei ihrer Präsentation bat Zuckerberg sein Publikum, sich eine Realität mit zwei Ebenen vorzustellen, in der »das Virtuelle über der realen Welt liegt«. Ein Hauptziel Zuckerbergs ist es, uns von lästiger Hardware zu befreien. »Stellen Sie sich vor, Sie möchten Schach spielen«, sagte er. Anstatt die mühsame Aufgabe zu erledigen, ein physisches Schachbrett auf einem Tisch zu platzieren, können wir einfach die Linsen einstellen und eine virtuelle Partie spielen. Wenn wir durch die Straßen von Rom spazieren, können wir einen virtuellen Guide haben, anstatt uns mit einer physischen Person auseinandersetzen zu müssen. VR könne die physische Realität enorm entlasten, verkündete er mit kindlichem Eifer. »Denken Sie mal daran, wie viele Dinge in unserem Leben eigentlich nicht physisch sein müssen. Sie können virtuell sein. Stellen Sie sich vor, wie viel besser, günstiger und zugänglicher sie dann werden würden.«[121]

Das Smart-Leben. Vielleicht wird es erstklassigen Komfort bieten. Vielleicht werden wir weniger frieren, schwitzen, stolpern und durcheinandergeraten. Doch die Smart-Technologie führt auch zu philosophischen Dilemmata, bei denen es um das Verhältnis zwischen uns und der Wirklichkeit geht. Wenn wir ständig gespiegelt werden, laufen wir Gefahr, die objektive Dimension der Existenz aus den Augen zu verlieren.

Ein Beispiel sind Landkarten. Bis vor ein paar Jahren haben sie meine absolute Unterwerfung gefordert. Ich musste selbst herausfinden, wo im

Gelände ich mich befand, objektiv gesehen. Die intelligenten Karten hingegen zoomen direkt auf meine Position. »Google Maps macht dich zum Mittelpunkt des Universums«, schrieb der Anthropologe Thomas Hylland Eriksen.[122] »Dort bist du immer im Zentrum.«

Über das Verhältnis zwischen Menschen und Dingen schrieb 1958 die deutsch-amerikanische Philosophin Hannah Arendt in ihrem Hauptwerk *Vita activa oder Vom tätigen Leben*:

> Diese Haltbarkeit nun verleiht den Dingen der Welt eine relative Unabhängigkeit von der Existenz der Menschen, die sie herstellten und in Gebrauch nehmen, die »objektive« Gegenständlichkeit, die sie dazu befähigt, den unersättlichen Bedürfnissen und Notdürften ihrer Erzeuger »entgegenzustehen« und sie wenigstens für eine Zeit zu überstehen. So gesehen, haben die Weltdinge die Aufgabe, menschliches Leben zu stabilisieren, und ihre »Objektivität« liegt darin, dass sie der reißenden Veränderung des natürlichen Lebens – dass, wie Heraklit sagt, niemals derselbe Mensch in denselben Fluss steigen kann – eine menschliche Selbigkeit darbieten, eine Identität, die sich daraus herleitet, dass der gleiche Stuhl und der gleiche Tisch den jeden Tag veränderten Menschen mit gleichbleibender Vertrautheit entgegenstehen.[123]

Damit könnte man heute vermutlich nicht mehr argumentieren. Dass die Dinge um uns herum die Aufgabe hätten, der Veränderung entgegenzustehen und uns zu stabilisieren, damit wir in *uns* selbst ankommen können. Es ist, als hätten die Dinge und die Menschen ihre Rollen getauscht. »Produkte und Dienstleistungen« sind einer unaufhörlichen Erneuerung unterworfen, während wir, die Flüchtigsten von allen, nach Kräften versuchen, im Dasein eine Konstante darzustellen.

»Der gleiche Stuhl und der gleiche Tisch« – heute klingt das geradezu wie Poesie.

Auch auf gesellschaftlicher Ebene ist es entscheidend, das menschliche Leben zu stabilisieren und uns vor uns selbst zu schützen. Historischer Fortschritt hat schon immer darin bestanden, die gemeinschaftlichen Institutionen mit so viel Objektivität wie möglich auszustatten. Eine Bürokratie, die von Stimmungstrends unberührt ist. Gerichte, die sich weder von Personenkult beeinflussen lassen noch von Rachedurst, den wir zu jeder Zeit empfinden können. Unsere wichtigsten gesellschaftlichen Institutionen haben Modelle unseres besten Selbst zu sein. Sie sollen Reife verkörpern, auch wenn wir selbst oft Kinder sind.

Bei vielen Herausforderungen im Zusammenhang mit künstlicher Intelligenz geht es aus meiner Sicht um das Fehlen einer Ethik der Spiegelung. Künstliche Intelligenz kann dem Menschen helfen, mehr systematisches, objektives Wissen zu erlangen. Aber viele der Produkte, die das Silicon Valley entwickelt, tun genau das Gegenteil: Sie dringen in unseren Sinnesapparat ein, ohne dass jemand einen Gedanken darüber verliert, welche Auswirkungen sie auf unsere dringend benötigte Realitätsverankerung haben könnten.

Denn das eine ist Manipulation in den sozialen Medien. Virtuelle Realität ist Manipulation in einer völlig anderen Dimension. Es gibt bereits intensive ethische Debatten darüber, ob der Zugang zu bestimmten virtuellen Erfahrungen begrenzt werden sollte, zum Beispiel wenn es um extrem realistische Gewalt geht. Menschen sind es gewohnt, dass sie den Informationen, die sie über ihre Sinne erhalten, Glauben schenken können. Wir müssen uns darauf verlassen können, was wir sehen und hören. An dem Tag, an dem wir das nicht mehr können, sind wir besinnungslos, nicht mehr bei klarem Verstand, haben sie nicht mehr alle.

Was Mark Zuckerberg, Elon Musk und Google bei vielen Gelegenheiten tun, ist, die Wände, gegen die wir laufen könnten, zu entfernen. Sie haben sich selbst zu unseren existenziellen Kuratoren ernannt. Sie wollen uns mehr von uns selbst geben, auch wenn das das Letzte ist, was wir brauchen. Menschen brauchen Institutionen und materielle Gegenstände, die *nicht* nachgeben, damit wir, um mit Hannah Arendt zu sprechen, unsere flüchtige Identität zurückgewinnen können, immer wieder aufs Neue.

Marshall McLuhan hatte seine eigene Art, die Welt zu deuten. In seinem Buch *Understanding Media* von 1964 präsentiert er seine eigene Interpretation des Schicksals von Narziss. Hier beschreibt der Professor, wie Mensch und Medium sich gegenseitig umschließen.

> Die griechische Sage von Narziss hat, wie das Wort Narziss andeutet, direkt mit einer Gegebenheit menschlicher Erfahrung zu tun. Es kommt vom griechischen Wort narkosis oder Betäubung. Der Jüngling Narziss fasste sein eigenes Spiegelbild im Wasser als eine andere Person auf. Diese Ausweitung seiner selbst im Spiegel betäubte seine Sinne, bis er zum Servomechanismus seines eigenen erweiterten und wiederholten Abbilds wurde. Die Nymphe Echo warb um seine Liebe mit Bruchstücken seiner eigenen Worte, doch vergebens. Er war betäubt. Er hatte sich der Ausweitung seiner selbst angepasst und war zum geschlossenen System geworden.[124]

In einem späteren Interview ging er näher auf den Effekt der Narziss-Hypnose ein, der darin bestehe, dass sie die Wirkungsweise der Technologie für uns unsichtbar mache.[125] Anfangs würden wir neue Technologie als Schock empfinden, aber sobald sie für unsere Sinne zur allgegenwärtigen

Umgebung geworden sei, werde sie »so unsichtbar wie Wasser für den Fisch«, sagte er. Die »Hypnose« erklärt auch, warum es uns so schwierig vorkommt, die Nutzung der Technologie zu kontrollieren. Weder brauchen noch wünschen wir uns mehr Medientechnologie, aber sobald sie da ist und all die kleinen Serienschocks einen gleitenden Übergang geschaffen haben, sind wir von ihr betäubt. Wir können das Band nicht durchtrennen. Es ist ein Teil unseres Körpers und unserer Sinne geworden.

Wie weit kann uns dieses Abgleiten führen? Erlauben Sie, dass es jetzt etwas dunkler wird, denn hier schleicht sich der Selbstmord in McLuhans Bildsprache ein. Wenn der Mensch in der Lage wäre, Medien zu erschaffen, die Modelle seines eigenen Nervensystems wären, dann würde der Körper mit einer »verzweifelten und suizidalen Autoamputation« reagieren. Der Begriff »Autoamputation« wird in der Medizin verwendet, wenn ein Körperteil aufgrund mangelnder Durchblutung abstirbt. McLuhan meinte, dass der Mensch beim Anblick seiner selbst von außen eine solche sensorische Todeserfahrung machen würde. Das Nervensystem würde die Wahrnehmung vollständig blockieren. Durch die Technologie würde das Streben des Narziss, sein eigenes Bild zu werden, Erfüllung finden. Dies ist die Endstation: Der Mensch ist zu einem reinen Medium geworden.

Es ist ein düsteres Szenario. Man hat mir Gottes Sinnesapparat versprochen, mir versichert, ich würde zur Gedankenleserin und Titanin werden, und das, ohne dabei lästige Hardware benutzen zu müssen. Stattdessen lebe ich mein Leben in einem komatösen Zustand. Ich kann mich förmlich dort am Ufer liegen sehen, halb tot, mit kraftlosem Körper und einem flimmernden Browser, der früher mal Gehirn genannt wurde.

Was McLuhan durch seine unkonventionelle Interpretation des Narziss-Mythos zu vermitteln gelingt, ist die existenzielle Dimension der Medientechnologie. Existenziell in dem Sinne, dass sie wesensverändernd ist, aber auch potenziell lebensbedrohlich. Er erinnert uns daran, dass bestimmte Arten von Verliebtheit zu einem Selbstverlust führen. Auf diese Weise präsentiert er einen Gegenmythos zur Vision des Silicon Valley von ewigem Leben.

Wenn wir uns vorstellen, was mit künstlicher Intelligenz alles schiefgehen kann, greifen wir gern auf Szenarien aus Science-Fiction-Filmen zurück. Wir imaginieren uns eine allmächtige, böse Intelligenz, die die Weltherrschaft übernimmt. Oder eine Armee rotäugiger Roboter, *Terminators*. Wir stellen uns eine künstliche Intelligenz vor, die plötzlich ihren eigenen Willen zur Macht entwickelt und sich gegen uns wendet. Aber bei der Begegnung mit künstlicher Intelligenz kommt die Bedrohung nicht von außen. Stattdessen treffen wir auf den ältesten Feind der Welt: uns selbst.

Wenn Peter Thiel das Reich des Todes betritt, wird er dies direkt aus einem weißen Operationssaal bei Alcor in Arizona tun. Die blau gekleideten Chirurginnen und Chirurgen werden alle Hände voll zu tun haben, wenn sein Körper hereingerollt wird. Der Eingriff ist kompliziert und dauert laut Website des Unternehmens mindestens vier Stunden. Zuerst muss ein Zugang zu seinen Blutgefäßen hergestellt werden, ohne dass das Gehirn dabei beschädigt wird; dann wird er auf minus 60 Grad Celsius heruntergekühlt. Danach werden zwei Flüssigkeiten in seinen Körper gepumpt: eine, die die Bildung von Eiskristallen verhindert, und eine andere geheimnisvolle Substanz namens *cryoprotectant solution*. Nun wird Thiel allmählich auf minus 196 Grad abgekühlt. Erst jetzt ist seine Eis-Leiche bereit, in einen runden Stahlbehälter gelegt zu werden, der etwa 2,5 Meter hoch und mit flüssigem Stickstoff gefüllt ist. Der Behälter wird zusammen mit mehreren anderen ins Gefrierlager gestellt. Heute stehen dort 208 solcher Behälter mit eingefrorenen Frauen und Männern, aber wenn Thiel ankommt, werden es garantiert mehr sein.[126]

Für den Investor Thiel ist dies vermutlich eine Investition mit geringem Risiko und hohem Gewinnpotenzial. Im schlimmsten Fall bleibt er einfach tot. Im besten Fall könnte er ewiges Leben erlangen.

Ich glaube, kein anderer Ort wäre als geistiges Zentrum des Transhumanismus besser geeignet als das Silicon Valley, das Tal der Götter. Die Wiege der Mediendisruption. Heute wird hier die *Human-enhancement*-Technologie erforscht. Implantate, Sensoren, Chips, Geo-Tattoos, Brillen und Linsen werden hergestellt.

Der transhumanistische Durchbruch kam vor etwa fünf, sechs Jahren. Wöchentlich wurde in den Nachrichten über den Kampf des Silicon Valley gegen den Tod berichtet, und Google gründete eine Tochtergesellschaft, deren erklärtes Ziel darin bestand, »*to solve death*« – den Tod zu lösen. Diese dramatischen Visionen, oft begleitet von Fotografien von Menschen, die etwa einen dritten Arm hatten oder aus deren Kopf sichtbare Antennen hervorragten, erinnerten mich an den Durchbruch der Schönheitschirurgie einige Jahre zuvor. Plötzlich bekamen wir einen völlig neuen Look präsentiert: Reiche und berühmte Menschen mit prallen Silikonlippen und straff übers Skelett gespannter Haut. Ein bisschen wie alte Katzen.

Wenn ein Trend neu ist, sticht er ins Auge. Später, im Laufe der Zeit, normalisiert er sich und wird feinjustiert, wie in der Narziss-Hypnose. Heutzutage sehen die Menschen, die sich operieren lassen, nicht mehr operiert aus, da Natürlichkeit jetzt im Trend liegt. An jeder Ecke gibt es Kliniken für Schönheitschirurgie, deren Werbung uns das Versprechen gibt: »Keiner wird es sehen.«

Etwas Ähnliches passiert mit transhumanistischer Technologie. Die Visionen, die anfangs als übertriebener Hype erschienen, werden mittlerweile als nüchterne Fortschritte präsentiert.

Nehmen wir zum Beispiel Elon Musk, Peter Thiels Freund. 2021 brachte sein Unternehmen Neuralink die Technologie auf den Markt, an der in den letzten Jahren gearbeitet wurde, nämlich einen Chip, der in den menschlichen Schädel implantiert werden kann. Als Musk Ende 2020 den Chip erstmals erwähnte, betonte er besonders, wie diskret er sei. Er sei so groß wie eine Münze und könne leicht unter den Haaren versteckt werden: »Ich könnte gerade einen Neuralink im Kopf haben, ohne dass Sie es sehen würden«, zwinkerte er dem Publikum zu.[127] Diese Technologie, die als »Gehirn-Computer-Schnittstelle« bezeichnet wird, soll Gedächtnisverlust, Blindheit und Schlaflosigkeit heilen können. Aber ihr langfristiges Ziel besteht darin, Gedanken zu übertragen sowie Mensch und künstliche Intelligenz zu vereinen.

Ein anderes Unternehmen im Silicon Valley, Nectome, forscht an der Speicherung des Gehirninhalts. »Wie wäre es, wenn wir Ihnen sagen würden, dass wir eine Sicherungskopie Ihres Gehirns machen können?«, wird auf der Website gefragt. Das Unternehmen behauptet, dass es in der Lage sein werde, Erinnerungen hochzuladen und sie nach dem Tod einer Person zu rekonstruieren. Bereits 25 Milliardäre aus dem Silicon Valley stehen auf der Warteliste, erzählt der Gründer.[128]

An dem Tag, an dem eine Version unser selbst irgendwo auf einem Server existiert, sind wir am Ende angekommen. Dann ist das *imitation game* abgeschlossen und dieses ganze egozentrische Rennen vorbei.

In Debatten über Technologie hört man in Norwegen oft ein berühmtes Zitat der norwegischen Literaturnobelpreisträgerin Sigrid Undset: »Denn mit der vergehenden Zeit wandeln sich Sitten und Bräuche, wie auch der Glaube der Menschen sich wandelt und sie über viele Dinge anders denken. Aber unwandelbar sind die Herzen der Menschen, für alle Zeit.« Ein versöhnlicher Satz, der uns sagen will, dass wir Menschen einander über die Zeiten hinweg immer verstehen werden, und der uns auf diese Weise ein wenig von unserer historischen Einsamkeit nimmt.

Eine radikal entgegengesetzte Position vertritt der Historiker Yuval Harari. Nachdem er in seinem Buch *Eine kurze Geschichte der Menschheit* davon berichtet hatte, wie der Homo sapiens fünf, sechs andere Menschenarten auskonkurriert hatte, schrieb er in *Homo Deus* über den Menschen der Zukunft.[129] Der Bruch, den die Technologie des Silicon Valley eingeleitet habe, erklärt er, unterscheide sich von allen anderen technologischen, sozialen und politischen Einschnitten in der Geschichte der Menschheit. Denn bei allen vorherigen Umwälzungen sei dennoch eines konstant gewesen: der Mensch selbst. Nun werde eine völlig neue Art entstehen, die von ihm den metaphorischen Namen Homo Deus bekommt.

Die Rolle, die Harari als Zukunfts-Historiker einnimmt, ist aus offensichtlichen Gründen unmöglich. Er ist kein Wahrsager. Der Homo Deus ist Spekulation, wenn auch qualifizierte Spekulation, basierend auf Erkenntnissen aus den Bereichen von Neurologie, Bewusstseinsforschung und künstlicher Intelligenz. Was ich bei der ganzen Sache am bemerkenswertesten finde, ist die Tatsache, wie sicher sich Harari ist, dass diese Entwicklung eintreten *wird*. Der Homo sapiens werde seinen Drang danach, Schwäche, Krankheit und Altern zu entkommen, nicht kontrollieren können. Denn dafür lebe er: um den Tod zu überwinden.

> Die Einzelheiten also liegen im Dunkeln, und doch können wir zumindest sicher sein, was die allgemeine Richtung der Geschichte angeht.
>
> Das dritte große Projekt der Menschheit im 21. Jahrhundert wird es sein, dass sie für sich göttliche Schöpfungs- und Zerstörungsmacht erwirbt und den *Homo sapiens* zum *Homo Deus* erhebt. (...) Wir könnten also sagen, dass die neue menschliche Agenda in Wahrheit nur aus einem einzigen Projekt (mit vielen Verzweigungen) besteht: Göttlichkeit zu erlangen.[130]

Der Gottmensch, den Harari voraussagt und vor dem er uns zugleich warnt, sollte nicht mit einem monotheistischen, allmächtigen Gott im Himmel verglichen werden. Vielmehr würden unsere Nachkommen Ähnlichkeiten mit den lebendigen und bunten Figuren in älteren Mythen und Religionen haben. Diese waren etwa in der Lage, ihre äußere Erscheinung zu verwandeln, Gedanken zu lesen, neue lebende Wesen ohne natürliche Befruchtung zu erschaffen, Temperatur, Wetter und Umgebung zu kontrollieren und über weite Entfernungen zu kommunizieren. Und natürlich waren sie schön, stark und unsterblich.

Ist das wahrscheinlich? Ja, meint Harari, denn das Upgrade des Homo sapiens werde sukzessive vor sich gehen. Schritt für Schritt, Erfindung für Erfindung, und sagen wir in hundert oder zweihundert Jahren werde der Mensch so viel Technologie unter der Haut haben, dass er eines Tages aufwachen, zurückblicken und erkennen werde, dass er »nicht mehr dasselbe Tier sei«, das die Bibel geschrieben oder die Chinesische Mauer gebaut habe.

Viele der allerdramatischsten Themen des Lebens, wie Gewissensbisse, Todesangst oder Liebeskummer, könnten sich durchaus als sapiens-spezifisch herausstellen. Es erscheint mir nur wenig wahrscheinlich, dass Kirchenlieder, volkstümliche Lebensweisheiten, antike Epen oder Shakespeare von Menschen nachempfunden werden können, deren Leben keine zeitliche

Begrenzung kennt. Wenn man das biologische Gehirn verändert, ändern sich die Triebkräfte des Lebens, ändert sich alles, auch Undsets unwandelbares Menschenherz.

Der Dichter und ehemalige Erzbischof von Canterbury Rowan Williams sagte einmal, dass Posthumanisten offensichtlich Schwierigkeiten hätten, das zu lieben, was einfach nur sei. Posthumanisten würden nicht das Selbst lieben, die Welt oder die Menschheit, sondern etwas anderes, das es »vielleicht auf der anderen Seite des Hügels gebe«. Williams selbst betrachtet dies als eine große Aufgabe: die Aspekte des Lebens zu lieben, die nicht der menschlichen Agenda folgen. »Es gibt Aspekte unserer Welt, die wir nun einmal nicht besitzen; sie sind nicht dazu da, um manipuliert zu werden, um als Ressourcen für unsere eigene Macht zu dienen.« Und dann schließt er sich Shakespeare an: »*Love that well which thou must leave ere long.*« (»Liebe das Sterbliche als etwas Sterbliches«).[131]

Ich möchte mich, in aller Bescheidenheit, den beiden anschließen. Denn was ist eigentlich so falsch an der Realität? Das Sterbliche als etwas Sterbliches zu lieben, bedeutet, das Leben so zu lieben, wie es ist. Gibt es eigentlich eine andere Art zu lieben?

Nehmen wir mal an, dass Peter Thiel wieder einmal eine gute Investition getätigt hat. Dass sein geniales Hirn eines Tages in der Zukunft, sobald die molekulare Nanotechnologie es ermöglicht, aufgetaut werden kann. Und dass die Information in seinem Gehirn, unglaublich aber wahr, die kryonische Konservierung überlebt hat. Nun ist er durch die Zeit gereist, in eine Zukunft mit noch fortschrittlicherer Technologie, und er hat diese Technologie und alle Zeit der Welt, um seinen unsterblichen Körper weiter upzugraden und neue Superkräfte zu erlangen.

Dann wird es für alle Zeiten klar sein: Peter Thiel war einer der Auserwählten. Er ist auferstanden, gesegnet mit ewigem Leben. Kein Zweifel, dass ein solches Ereignis als ein echtes Wunder gelten dürfte.

Zugleich hätte der Mensch einen Platz erobert, den zuvor nur Gott innehatte. Und es war Thiel, der es geschafft hat – wer sonst?

Peter Thiel wird zum Homo Deus. Ein technologisch erzeugter, allmächtiger, allwissender und unsterblicher Übermensch.

Lange habe ich mich gefragt, warum es gerade Peter Thiel war, der mich derart in Beschlag nahm. Es gab im Tal doch genügend andere exzentrische Gründer. Und obwohl Thiel bewundert wird, so ist er im Silicon Valley dennoch eine politische Minderheit und eine ideologische Ausnahme. Warum hatte ich mich in meinem algorithmischen Delirium ausgerechnet in ihn verbissen? Warum war es gerade Thiel, der verstanden werden musste?

Über ein Jahr lang war ich seiner Fährte gefolgt. All die Fragmente, die ich nach und nach zusammengesammelt hatte, ergaben ein klares Bild: Er war der Mann mit dem Plan. Denn der Gedanke, dass es gar keinen Plan gebe, wäre nicht auszuhalten gewesen. Thiels Plan war eine kommende techfaschistische Diktatur, in der wir gewöhnlichen Menschen uns mit unserer Existenz als Rohstoffe und Ersatzteile begnügen mussten, während er sich zum Gottkönig erhoben hatte.

Glied für Glied, Link für Link, hatte ich mir einen sauronschen Fürsten geschmiedet.

Apophänie nennt man die menschliche Neigung, in zufälligen Daten sinnvolle, aber falsche Muster zu sehen. Es handelt sich um eine normale Gehirnfunktion, die auf der Tatsache beruht, dass die Deutung von Zeichen für Menschen immer schon überlebenswichtig war.

»Wenn wir zwischen nicht zusammenhängenden Dingen Zusammenhänge herstellen, nennen wir das Apophänie. Wenn wir diese Zusammenhänge *online* herstellen«, schreibt die Autorin Molly Sauter, »dann nennen wir das Internet.«[132]

Das Jahr auf Thiels Spuren war berauschend. Mein Gehirn begann sich wie eine apophänische Maschine zu verhalten, ich fühlte mich wie eine Sehende. Ich war mir sicher, ein einzigartiges Talent für Amateur-Überwachung und Mustererkennung zu besitzen. Ich hatte angefangen, die Algorithmen nachzuahmen.

Warum ist das passiert? Einfach weil ich selbst wie ein Algorithmus gesteuert und behandelt worden war, mitten im Universum der unendlichen Plateaus, wo ich so viele Stunden verbracht hatte?

Was Peter Thiel getan hat und auch heute noch tut, ist, mir die ungeschönte Wahrheit zu zeigen. Er sagt geradeheraus, was die anderen, die angepassten Demokraten und good guys, nicht sagen und vielleicht auch nicht sehen: dass der Kapitalismus des Silicon Valley der Kapitalismus Peter Thiels ist. Er beschreibt die eigentliche Ideologie des Silicon Valley.

Die Gründer haben mit ihrem Monopolismus Erfolg gehabt. Sie alle haben ihren Reichtum auf der Überwachung von Milliarden von Menschen aufgebaut. Sie investieren große Ressourcen in eine Art von Lebensverlängerung, die sie selbst zu einer biologischen Oberschicht machen wird. Mit leichtfertigen Reden über Disruption setzen sie unsere Demokratien aufs Spiel. Die Offenheit, die sie so anpreisen, gilt nicht für sie selbst, denn sie selbst praktizieren Steuerhinterziehung und Geheimhaltung.

Thiel entlarvt also im Grunde die anderen Gründer, die so tun, als wären sie aufsässige Rebellen. Thiel sagt es laut, weil in Wirklichkeit *er* der Aufsässige ist.

Der Girardianer, der Antidemokrat, der Schachspieler und der Transhumanist Thiel – vielleicht ist es gerade er, den ich tatsächlich verstehen *kann.*

DIE BLUME

Als die Najaden und Dryaden einen Scheiterhaufen für Narziss errichteten, weinten sie laut. Echo ließ den Klang ihrer Trauer widerhallen, als sie sich auf den Weg machten, um seinen Körper zu holen. Wo war er geblieben? Das Einzige, was sie fanden, war eine Blume, erzählt Ovid. Ein Blümlein, safrangelb, mit schneeweißen Kronblättern in der Mitte.

Die Erfindung einer Wirtschaft, die auf Überwachung, Kontrolle und dem Verkauf menschlicher Aufmerksamkeit basiert, ist im Grunde eine makabere Idee. Die letzten Jahre haben uns eine Ahnung darüber vermittelt, wie wild die narzisstische Realitätsverzerrung werden kann. Es fühlt sich absurd an, Technologen visionär über »ewiges Leben« sprechen zu hören, während um uns herum eine Tierart nach der anderen ausstirbt. Während wir uns vor den Bildschirmen bekriegen, wirkt auch der Untergang der Demokratie nicht ganz ausgeschlossen. »Sag Monster, werde ein Monster« – so hat die Autorin Ida Lødemel Tvedt das girardianische Prinzip formuliert.[133] In Krisenzeiten müssen wir mit besonderer Sorgfalt auswählen, worauf wir unsere Aufmerksamkeit richten. Bevor wir es merken, sind wir zu dem geworden, was wir betrachten.

Benutze ich den Computer als Modell für menschliches Denken, dann wird der Computer meine Sicht auf mich selbst formen.

Verbringe ich meine Tage mit VR-Brillen und sehe die Realität in zwei Schichten, mache ich meinen physischen Körper zu einer Version zweier möglicher Realitätsalternativen.

Sehe ich den Krieger in dir, ist es höchstwahrscheinlich der Krieger in mir, der ihn sieht.

Wenn ich das Netz durchforste und Informationen über Peter Thiel Stück für Stück zusammenfüge, bekomme ich am Ende meine eigene *Thielologie*, eine verrückte Verschwörungstheorie über eine Person, die ich wahrscheinlich niemals werde treffen können und die, trotz ihrer expansiven Machtsphäre, dennoch höchstwahrscheinlich ein sterblicher Mensch ist. »Wenn du lange in einen Abgrund blickst, blickt der Abgrund auch in dich hinein«, schreibt Nietzsche.[134] Es ist durchaus möglich, sich blind zu starren, das wissen alle, die viel im Internet unterwegs sind.

Haben wir keine andere Wahl, als mimetische Maschinen zu sein? Eine Möglichkeit, uns aus dem Griff der Mimesis zu befreien, ist Selbsteinsicht.

»Gebt, so wird euch gegeben.« »Ihr sollt mich lieben, wie ich euch geliebt habe.« »Richtet nicht, damit ihr nicht gerichtet werdet.« »Verurteilt nicht, damit ihr nicht verurteilt werdet.« »Tut anderen, wie ihr wollt, dass sie euch tun.« Ich habe früher nie darüber nachgedacht, aber diese zweigliedrigen Sätze (es gibt viele weitere dieser Art) gleichen Spiegeln. Die Spiegelung dient der Aufhebung der Mimesis. In Girards Auffassung ist es genau diese Spiegelung, die in den Texten über Jesus repräsentiert wird. Eine historische Abrechnung mit dem Prinzip der Vergeltung, ein zivilisatorischer Quantensprung. Das Ende der *payback time*.

Indem wir anerkennen, dass es etwas außerhalb des sozialen Gefüges gibt, das größer ist als wir, und unseren Blick darauf richten, können wir uns auf unser höchstes Niveau erheben. Indem wir auf etwas blicken, das uns *nicht zurück imitiert*, befreien wir uns selbst aus der Mimesis. Dies ist ein Weg aus dem narzisstischen Selbstverlust, der sich in unserer Kultur abspielt. Dies ist ein Weg zu Unabhängigkeit und freiem Willen, auch für diejenigen, die nicht auf die Art und Weise religiös sind, wie Girard es war. Wie wir unseren Blick lenken, lenken wir auch die Technologie. Wir sind keine Kopiermaschinen.

Heute, wo große Teile der Natur für uns verloren gehen, glaube ich, dass immer mehr Menschen in ihr das sehen, was René Girard im Gottesprinzip sah. Die Natur imitiert uns nicht. Sie hat ihren eigenen Zweck. Die Natur ist unsere Schöpferin, und wenn wir sterben, wird sie uns überleben.

Einige Völker sprechen immer noch in einer Sprache, die diese Einheit ausdrückt. Die samische Sprache etwa hat keine Präpositionen, die in norwegischem Bokmål eine distanzierende Zwischenebene einfügen. Die samisch-schwedische Sängerin Sofia Jannok sagte 2019 in einer Rede:

> Wir joiken nicht ÜBER die Rentiere, wir gehen nicht AUF den Pfaden, wir waten nicht DURCHS Wasser. Wir joiken die Rentiere, wir gehen die Pfade, wir waten das Wasser. Es braucht kein »über«, »auf« oder »durch«, denn wir sind ein Teil der Umgebung.[135]

Der Künstler Paul Klee erlebte auf seinen Waldspaziergängen, dass er nicht immer der betrachtende Part war: »An manchen Tagen habe ich gefühlt, dass es die Bäume waren, die mich betrachteten, die zu mir sprachen ...« Der Maler Paul Cézanne beschrieb sich selbst als Teil der Landschaft, in der er stand und malte: »Die Landschaft spiegelt sich, vermenschlicht sich,[136] denkt sich in mir.«

Wir haben die Natur in uns, die mit der Natur außerhalb von uns verbunden ist. Das mag für manche nach Naturmystik klingen. Aber ist es rationaler, sich selbst als eine Prozessoreinheit für Symbolverarbeitung zu betrachten?

Ich habe angefangen, in unserem Sinnesapparat immer mehr eine natürliche Ressource zu sehen. Wir alle kommen mit einem natürlichen Überfluss an Instinkten aus dem Mutterleib. Sich der Aufmerksamkeitsökonomie zu widersetzen, können wir also quasi als eine Art Naturschutz betrachten.

Die menschliche Aufmerksamkeit zu befreien, ist der wichtigste moralische und politische Kampf unserer Zeit, sagt der Technologiephilosoph James Williams. Unsere Aufmerksamkeit bildet die Grundlage für alle anderen Kämpfe, jetzt, da der Planet verglüht, die Tiere aussterben und das eine Prozent die Leiter hinter sich hochzieht. Wenn wir die Tech-Unternehmen mit unserer Aufmerksamkeit bezahlen, zahlen wir mit unserer Zukunft.

Unsere Aufmerksamkeit ist das Wichtigste, was wir haben, und das Wichtigste, was wir geben können, weil sie weitgehend das ist, was wir *sind*. Der kürzlich verstorbene Schriftsteller und Anarchist David Graeber, der den Slogan »Wir sind die 99 Prozent« geprägt hat, sagte, die ultimative verborgene Wahrheit liege darin, dass »wir die Welt erschaffen haben, in der wir leben, und sie genauso einfach wieder umgestalten können.«[137] In dem Augenblick, in dem wir erkennen, dass er recht hat, hat *big tech* verloren. Denn die Tech-Unternehmen haben nichts selbst geschaffen. Ihr Produkt sind wir. Ziehen wir unsere Blicke zurück, lösen sich die Plattformen auf. Dann werden wir, vielleicht zu unserer eigenen Überraschung, eine andere Welt sehen können, die vor unseren Augen Gestalt annimmt. Die Geschichte hat immer wieder gezeigt, dass das, wonach die Menschheit strebt, in Liebe und Konzentration, zum Leben erweckt wird.

Die Blume mit dem Namen »Narzisse« gehört zur Lilienfamilie. Heutzutage ist sie als Wildblume ziemlich selten, aber sie wächst immer noch in einzelnen europäischen Waldgebieten. Als Gartenpflanze ist sie viel verbreiteter, und dort ist sie für ihren starken Duft bekannt, dem eine betäubende Wirkung nachgesagt wird.

Über Echos weiteres Schicksal hat Ovid nichts berichtet. Aber wir wissen, dass Narziss starb, während sie weiterlebte. Es wäre also eine natürliche Fortsetzung der Geschichte, dass Echo weiterzieht, in neue Wälder und neue Gebirge, wo sie nun frei ist, sich auf die Suche zu machen nach anderen als Narziss, um sie zu imitieren.

Anmerkungen

1 King, 2015
2 McLuhan, 2011
3 Bobbitt, 2012
4 Miller u.a., 2018. Originalzitat: »Here we provide evidence from behavioural psychophysics, structural mechanics and neuronal modelling, which shows that tools are treated by the nervous system as sensory extensions of the body rather than as simple distal links between the hand and the environment.«
5 McLuhan hat für seine Theorie über den tiefgreifenden Einfluss der Medien auf den Menschen die unterschiedlichsten Formulierungen gefunden. Am konkretesten hat dieses Prinzip jedoch McLuhans Partner Edmund Carpenter auf den Punkt gebracht: »We become our media« (Carpenter, 2003).
6 Im Oktober 2020 ging Palantir, siebzehn Jahre nach seiner Gründung, an die Börse. Der Gründer Thiel ist heute Chairman und größter Einzelaktionär. Laut Forbes besaß Thiel zum Zeitpunkt des Börsengangs 17,7 Prozent des Unternehmens. Etwa zur gleichen Zeit wurde der Hauptsitz des Unternehmens vom Silicon Valley nach Denver, Colorado verlegt. www.palantir.com
7 Brooker, 2015. Das Originalzitat lautet: »If you ask me today, is it possible to live to be 500? The answer is yes.«
8 Freeman, 2017
9 Nordby, 2013
10 Ich habe mich bei der Nacherzählung für die griechischen Götternamen Zeus und Hera anstatt der von Ovid verwendeten römischen (Juno und Jupiter) entschieden.
11 Twenge & Campbell, 2009
12 Campbell & McCain, 2018
13 Fazekas & Hatemi, 2020
14 Dawkins, 1976
15 Die Ethikkommission der Universität hatte das Experiment unter Berufung auf die Tatsache genehmigt, dass die Geschäftsbedingungen bei Facebook eine Filterung von Mitteilungen ohnehin erlaubten.

16 Kramer u.a., 2014

17 Bjarne Riiser Gundersen, Newsletter an die Leser des Morgenbladet, 8.1.2021

18 Moland, 2020

19 Knudsen, 2018

20 Forschungsergebnisse deuten auch darauf hin, dass Menschen im Allgemeinen moderatere Standpunkte vertreten, als in sozialen Medien zum Ausdruck kommt. Die Debatten im Internet werden von einer engagierten Minderheit dominiert. Siehe hierzu etwa Prebensen, 2018.

21 Christiansen, 2019. Der Artikel bezieht sich auf die Forschung von u.a. Erica Chenoweth, Professorin für Politikwissenschaft an der Harvard University.

22 Tufekci, 2018: »YouTube, the Great Radicalizer«

23 UNO, 2020. Tedros Adhanom Ghebreyesus, WHO. Originalzitat: »We're not just fighting a pandemic; we're fighting an infodemic.«

24 Meine Darstellung von Girards Theorie basiert großteils auf Palaver, 2013.

25 Sartre, 2014

26 Solstad, 2005

27 PST, 2019

28 Girard, 2007

29 Thiel, 2009

30 Thiel, 2009

31 Masters, 2012

32 Fink, 2012

33 Shullenberger, 2016a.

34 Hardy, 2015. Das Zitat erschien im Nachruf der New York Times auf René Girard am 10. November 2015: »Facebook first spread by word of mouth, and it's about word of mouth, so it's doubly mimetic. Social media proved to be more important than it looked, because it's about our natures.«

35 Stjernfelt & Lauritzen, 2020, S. 51

36 Shullenberger, 2016a

37 NZ Herald, 2020

38 Goldhill, 2017

39 Greene, 2019; Chapman, 2020

40 Bloomberg, 2018

41 www.seasteading.org/tag/peter_thiel/
42 Alcor, 2006
43 Haynes, 2017
44 Zwei dieser Gegenwartsdiagnosen sind auf Deutsch erschienen: Hertz, 2021 und Mishra, 2017.
45 Simon, 1971
46 Simon, 1971
47 Meine Darstellung der Entstehung der Aufmerksamkeitsökonomie basiert vor allem auf zwei Büchern: Williams, 2018 und Lanier, 2019 sowie Tristan Harris' Vorträge auf www.tristanharris.com
48 Zuboff, 2018
49 www.statista.com
50 Biddle, 2019
51 Russell, 2019, S. 8
52 Biddle, 2019
53 Hareide, 2020
54 Gaudette, 2017
55 Diese Seminare wurden schließlich jährlich abgehalten und liefen unter dem Namen Edge Masterclass (www.edge.org).
56 Kahneman, 2016
57 Thaler & Sunstein, 2022
58 Allen, 2017
59 Tristan Harris ist der Gründer des Center for Humane Technology und leitet die Bewegung Time Well Spent. Er ist einer der Hauptredner im Film The Social Dilemma, der auf Netflix verfügbar ist.
60 Maschinelles Lernen beruht darauf, dass Computer durch Algorithmen in die Lage versetzt werden, von empirischen Daten oder durch Interaktion mit ihrer Umgebung zu lernen. Ein neuronales Netz ist ein Netzwerk digitaler Neuronen. Es besteht aus einer Schicht Input-Neuronen (für Daten, die untersucht werden sollen) und einer Schicht Output-Neuronen (wo die Antworten herauskommen). Nachdem es mehr als eine Schicht Neuronen gibt, sprechen wir von einem tiefen neuronalen Netz, tiefem Lernen oder deep learning.
61 Ein digitaler Zwilling (digital twin) ist eine digitale oder virtuelle Repräsentanz eines materiellen oder immate-

riellen Objekts aus der realen Welt in der digitalen Welt. Der Begriff entstand als Bezeichnung für digitale Kopien physischer Gegenstände, wird heute aber auch für die Personenprofile, die Unternehmen von ihren Verbrauchern anlegen, verwendet.

62 Fisher u.a., 2016

63 Kemp, 2019. Die Untersuchung beruht auf Daten von GlobalWebIndex, GSMA Inteligence, Statista, Locowise, App Annie, SimilarWeb.

64 Alexander, 2010. Bruce Alexander, Professor an der Simon Fraser University in Kanada, ist für seine Dislocation Theory zum Thema Abhängigkeit bekannt. Auf ihn geht das Rat-Park-Experiment zurück.

65 Lanier, 2019

66 Sontag, 1977, S. 22. Sontag bezieht sich ursprünglich auf Kriegsfotografie. »Die Freiheit, Bilder zu konsumieren», siehe S. 178

67 Twenge & Campbell, 2009, S. 30.

68 Twenge und Campbell bedienten sich der Daten der NPI (Narcissistic Personality Inventory), eines Messinstruments in Form einer Umfrage, die jahrzehntelang von Studierenden, insbesondere Studierenden der Psychologie, beantwortet worden war. Für eine interessante und von Girard inspirierte Kritik des Buches von Twenge und Campbell empfehle ich Dombek, 2016.

69 Happy & Well, 2014

70 Diese Beschreibung der Folge von Extreme Makeover ist inspiriert von Lund Fjæren, 2020.

71 Der Unterschied zwischen grandiosem und verletzlichem Narzissmus ist Gegenstand einer großen Debatte in der US-amerikanischen Psychologie. W. Keith Campbell hat einiges über die verschiedenen Varianten geschrieben. Siehe etwa Miller u.a., 2017.

72 Danco, 2019

73 Die Zahl ist eine auf Marktanteilen basierende Schätzung. Google gibt an, dass via Android täglich ca. 93 Millionen Selfies gepostet werden. Das Unternehmen hat einen Marktanteil von 72 Prozent, Apple iOS hat 27 Prozent, während »andere« bei einem Prozent liegen. Es gibt wenig Grund zur Annahme, dass iPhone-Nutzer weniger

Selfies posten als andere, woraus sich die Zahl von 130 Millionen ergibt.

74 Selbstverlust an sich ist keine Diagnose, der Begriff wird jedoch in Verbindung mit den unterschiedlichsten Diagnosen verwendet. Wenn ich von Selbstverlust spreche, meine ich das »Gefühl, sich selbst zu verlieren« im allgemeinen Sinn.

75 Für deutsche Statistiken siehe: Destatis, 2017. Zum Gesundheitszustand US-amerikanischer Jugendlicher: Twenge 2020.

76 Dumouchel, 2011

77 Hatfield u.a., 2009

78 Adams & Girard, 1993

79 Die Interpretation Trumps als Peter Thiels »perfekter Sündenbock« ist inspiriert vom Anthropologen und Anarchisten David Graeber, der im September 2020 starb. Nach Trumps Wahlsieg prophezeite Graeber auf Twitter: »could Trump be a sort of Girardian sacred king, marking a break with humanity by his crimes, but thus taking on the sins of his people ... if so, it can't end well for him. The ›exploits‹ or transgressions that make him divine at first make him a sacrificial victim in waiting.«

80 Kharpal, 2018

81 Pynchon, 2015

82 O'Neill, 2015; Vigo, 2019

83 Cislak u.a., 2020

84 Hatemi & Fazekas, 2018

85 Mishra, 2017

86 Mishra, 2017

87 Mishra, 2017

88 McLuhan, 2011

89 TVO, 1977

90 Hentges u.a., 2014

91 de.wikipedia.org/wiki/Vitruvianischer_Mensch

92 Tolentino, 2019

93 Tolentino, 2019

94 www.sexualdiversity.org/edu/1111.php

95 Badiou, 2003

96 Espedal, 2020

97 Whitman, 1973

98 Baraka, 1997
99 Baraka, 1997
100 Grue, 2018
101 Schlegel, 2021
102 Sky, 2019
103 Girard, 1988
104 University of Oxford, 2020
105 The Guardian, 2019
106 Girard, 2020
107 New Zealand Tourism, 2022
108 Nippert, 2017
109 www.bloomberg.com/billionaires/profiles/peter-a-thiel/
110 Smith schreibt: »Though our brother is upon the rack (...) by the imagination we place ourselves in his situation, we conceive ourselves enduring all the same torments, we enter as it were into his body, and become in some measure the same person with him, and thence form some idea of his sensations, and even feel something which, though weaker in degree, is not altogether unlike them.«
111 Bråten, 2012
112 Gallese, 2011
113 Harari, 2017
114 Daugman, 1993
115 Larry Page: Vortrag «Changing the world», American Association for the Advancement of Science, San Francisco, Februar 2007, zitiert aus Hareide, 2020
116 Daugman, 1993
117 Jakobsen, 2016
118 Hustvedt, 2017
119 Es gibt einige Studien zum Thema algorithmische Verzerrung: Ledford, 2019, Dastin, 2018, Turner Lee u.a., 2019, Angwin u.a., 2016
120 Skårderud, o.J.
121 Mark Zuckerberg: Präsentation auf seiner alljährlichen Facebook-F8-Konferenz, 19. April 2017, San Jose. www.youtube.com/watch?v=Z-PMcPDbhR8
122 Eriksen, 2019
123 Arendt, 1981
124 McLuhan, 2012
125 Playboy, 1969

126 Sämtliche Informationen über The Alcor Life Extension Foundation sind der Website des Instituts entnommen: www.alcor.org

127 Im Internet sind viele Präsentationen von Neuralink zugänglich, u.a. auf Medium.com: »Highlights of neuralinks presentation«, 29. August 2020

128 nectome.com

129 Harari, 2017

130 Harari, 2017

131 Williams & Gray, 2018

132 Sauter, 2017

133 Girard, 2020

134 Nietzsche, 1933

135 Sofia Jannok: Rede im Rahmen einer Klimademonstration in Jokkmokk am 7. Februar 2020. Zitiert nach Retter, 2020

136 de.wikipedia.org/wiki/Paul_Cézanne

137 Solnit, 2020

Literatur

Adams, R. & Girard, R.: »Violence, Difference, Sacrifice: A Conversation with René Girard«. Religion and Literature, 25(2), 1993

Alcor: »Peter Thiel pledges $3.5 Million to antiaging research«. Alcor, 19.9.2006. www.alcor.org/2006/09/peter_thiel_pledges_35_million (gelesen am: 10.10.2023)

Alexander, B.K.: The Globalization of Addiction. Oxford University Press, 2010

Allen, M.: »Sean Parker unloads on Facebook: ›God only knows what it's doing to our children's brains‹«. Axios, 9.11.2017. www.axios.com/sean-parker-unloads-on-facebook-god-only-knows-what-its-doing-to-our-childrens-brains-1513306792-f855e7b4-4e99-4d60-8d51-2775559c2671.html (gelesen am: 9.10.2023)

Angwin, J., Larson, J., Mattu, S. & Kirchner, L.: »Machine Bias«. ProPublica, 23. Mai 2016. www.propublica.org/article/machine-bias-risk-assessments-in-criminal-sentencing (gelesen am: 9.10.2023)

Arendt, H.: Vita activa oder Vom tätigen Leben. Piper, 1981

Badiou, A.: Ethik. Versuch über das Bewusstsein des Bösen. Aus dem Französischen von Jürgen Brankel. Verlag Turia & Kant, 2003

Baraka, A.: The Autobiography of LeRoi Jones. Lawrence Hill Books, 1997

Baraka, A.: SOS: Poems 1961–2013. Grove Press, 2016

Biddle, S.: »A fundamentally illegitimate choice: Shoshana Zuboff on the age of surveillance capitalism«. The Intercept, 2.2.2019. theintercept.com/2019/02/02/shoshana-zuboff-age-of-surveillance-capitalism/ (gelesen am: 10.10.2023)

Bloomberg: »Peter Thiel Looking to Start Conservative News Outlet Backed by Mercer Family, Report Says«. Fortune, 5.1.2018. fortune.com/2018/01/05/peter-thiel-rebekah-mercer-news/ (gelesen am: 10.10.2023)

Bobbitt, D.: »Scale in the Media Theory of Marshall McLuhan«. Media Fields Journal (no. 4), 2012. mediafieldsjournal.org/scale-marshall-mcluhan (gelesen am: 3.10.2023)

Bråten, S.: »Når den som snakker nøler – hva gjør lytteren?«. Sosiologi i dag, 42(1), 2012. ojs.novus.no/index.php/SID/article/view/1058 (gelesen am: 9.10.2023)

Brooker, K.: »Google Ventures and the Search for Immortality«. Bloomberg, 9.3.2015. www.bloomberg.com/news/articles/2015-03-09/google-ventures-bill-maris-investing-in-idea-of-living-to-500?embedded-checkout=true (gelesen am: 3.10.2023)

Campbell, W.K. & McCain, J.L.: »Narcissism and Social Media use: A Meta-Analytic Review«. Psychology of Popular Media Culture, 7 (3), 2018, S. 308–327. www.doi.org/10.1037/ppm0000137 (gelesen am: 3.2.2021)

Carpenter, E.: »The Tribal Terror of Self-Awareness«. In: Hockings, P. (Hrsg.): Principles of Visual Anthropology. 3. Auflage, S. 481–492. Mouton de Gruyter, 2003

Chapman, L.: »Peter Thiel's Palantir Wins Role in $823 Million Government Contract«. Bloomberg, 25.2.2020. www.bloomberg.com/news/articles/2020-02-25/peter-thiel-s-palantir-wins-role-in-823-million-government-contract?embedded-checkout=true (gelesen am: 10.10.2023)

Christiansen, H.: »Folkets opprør sprer seg i rekordfart. Men effektistkan være i ferd med å avta«. Aftenposten, 2019. www.aftenposten.no/verden/i/pLxOVo/folkets-opproer-sprer-seg-i-rekordfart-men- effekten-kan-vaere-i-ferd-me (gelesen am: 2.2.2021)

Cislak, A., Pyrczak, M., Mikiewicz, A. & Cichocka, A.: »Brexit and Polexit: Collective Narcissism Is Associated With Support for Leaving the European Union«. Social Psychological Bulletin, Vol. 15(1), 2020. www.spb.psychopen.eu/index.php/spb/article/view/2645/2645.html (gelesen am: 9.10.2023)

Daugman, J.: »Brain Metaphor and Brain Theory«. In Schwartz, E.L. (Hrsg.): Computational Neuroscience. MIT Press, 1993

Danco, A.: »Secrets About People: A Short and Dangerous Introduction to René Girard«. www.alexdanco.com/2019/04/28/secrets-about-people-a-short-and-dangerous-introduction-to-rene-girard/comment-page-1/ (gelesen am: 8.10.2023)

Dastin, J.: »Amazon scraps secret AI recruiting tool that showed bias against women«. Reuters, 11. Oktober 2018. www.reuters.com/article/us-amazon-com-jobs-automation-insight-idUSKC-N1MK08G (gelesen am: 9.10.2023)

Dawkins, R.: The Selfish Gene. Oxford University Press, 1976

Destatis: »Immer mehr Kinder und Jugendliche leiden an Depressionen«. Statistisches Bundesamt, 2017. www.destatis.de/DE/Themen/Gesellschaft-Umwelt/Gesundheit/depression-kinder-jugendliche-imfokus.html (gelesen am: 8.10.2023)

Dombek, K.: Die Selbstsucht der anderen. Ein Essay über Narzissmus. Aus dem Englischen von Kirsten Riesselmann. Suhrkamp, 2016

Dumouchel, P.: »Emotion and Mimesis«. In: Garrels, S.R. (Hrsg.): Mimesis and Science: Empirical Research on Imitation and the Mimetic, Theory of Culture and Religion. Michigan State University Press, 2011

Eriksen, T.H.: »En hel verden i miniatyr«. Morgenbladet, 2019. www.morgenbladet.no/ideer/2019/07/en-hel-verden-i-miniatyr (gelesen am: 10.10.2023)

Espedal, T.: Gehen oder die Kunst, ein wildes und poetisches Leben zu führen. Übersetzt von Paul Berf. Matthes & Seitz, 2020

Fazekas, Z. & Hatemi, P.K.: »Narcissism in Political Participation«. Personality and Social Psychology Bulletin, 2020. www.doi.org/10.1177/0146167220919212 (gelesen am: 3.10.2023)

Fink, E.: »Inside the ›Social Network‹ house«. CNN Business, 2012. www.money.cnn.com/2012/08/28/technology/startups/facebook-house/index.html (gelesen am 11.10.2023)

Fisher, H.E., Xu, X., Aron, A. & Brown, L.L.: »Intense, Passionate, Romantic Love: A Natural Addiction? How the Fields That Investigate Romance and Substance Abuse Can Inform Each Other«. Frontiers in Psychology, 10.5.2016. www.ncbi.nlm.nih.gov/pmc/articles/PMC4861725/pdf/fpsyg-07-00687.pdf (gelesen am: 4.10.2023)

Freeman, J.: »Om uvirkeligheten«. Morgenbladet, 2017. www.morgenbladet.no/boker/bokessay/2017/12/22/om-uvirkeligheten/ (gelesen am: 3.10.2023)

Gallese, V.: »The Two Sides of Mimesis: Mimetic Theory, Embodied Simulation, and Social Identification« in Garrels (Hrsg.) Mimesis and Science: Empirical Research on Imitation and the Mimetic Theory of Culture and Religion. Michigan State University Press, 2011

Gaudette, E.: »Netflix Declares War on Sistp, Its Biggest ›Competitor‹«. Newsweek, 2017. www.newsweek.com/netflix-binge-watch-sleep-deprivation-703029 (gelesen am: 4.10.2023)

Girard, R.: Der Sündenbock. Aus dem Französischen von Elisabeth Mainberger-Ruh. Benzinger Verlag, 1988

Girard, R.: Syndabocken – en antologi. Red. Anders Olsson. Themis, 2007

Girard, R.: Syndebukken. Teori & Praksis, 2020

Goldhill, O.: »The neo-fascist philosophy that underpins both the alt-right and Silicon Valley technophiles«. Quartz, 2017. qz.com/1007144/the-neo-fascist-philosophy-that-underpins-both-the-alt-right-and-silicon-valley-technophiles (gelesen am: 4.10.2023)

Greene, T.: »Study: Trump's paid Peter Thiel's Palantir $1.5B so far to build ICE's mass-surveillance network«. The Next Web, 12.8.2019. www.thenextweb.com/artificial-intelligence/2019/08/12/study-trumps-paid-peter-thiels-palantir-1-5b-so-far-to-build-ices-mass-surveillance-network/ (gelesen am: 10.10.2023)

Grue, J.: Jeg lever et liv som ligner deres. Gyldendal, 2018

Happy & Well: »The Narcissism Epidemic« with Jean Twenge at Happiness and Its Causes 2014. www.youtube.com/watch?v=Vg-hvAoktns (gesehen am: 4.10.2023)

Harari, Y.N.: Homo Deus: Eine Geschichte von Morgen. Übersetzt von Andreas Wirthensohn. C.H.Beck, 2017

Hardy, Q.: »René Girard, French Theorist of the Social Sciences, Dies at 91«. The New York Times, 2015 www.nytimes.com/2015/11/11/arts/international/rene-girard-french-theorist-of-the-social-sciences-dies-at-91.html (gelesen am: 4.10.2023)

Hareide, D.: Mennesket og teknomaktene. Aschehoug, 2020
Hatemi, P.K. & Fazekas, Z.: »Narcissism and Political Orientations«. Uio Duo vitenarkiv, 2018. www.duo.uio.no/handle/10852/67170 (gelesen am: 9.10.2023)
Hatfield, E., Rapson, R.L., & Le, Y.L.: »Primitive emotional contagion: Recent research«. In: Decety, J. & Ickes (Hrsg.): The social neuroscience of empathy. MIT Press, 2009. www.neurohumanitiestudies.eu/archivio/Emotional_Contagion.pdf (gelesen am: 8.10.2023)
Haynes, G.: » Ambrosia: the startup harvesting the blood of the young«. The Guardian, 21.8.2017. www.theguardian.com/society/shortcuts/2017/aug/21/ambrosia-the-startup-harvesting-the-blood-of-the-young (gelesen am: 10.10.2023)
Hentges, G., Kökgiran, G. & Nottbohm, K.: »Die Identitäre Bewegung Deutschland (IBD) – Bewegung oder virtuelles Phänomen?«. Forschungsjournal Soziale Bewegungen, 3/2014. forschungsjournal.de/fjsb/wp-content/uploads/fjsb-plus_2014-3_hentges_koekgiran_nottbohm_x.pdf (gelesen am: 9.10.2023)
Hertz, N.: Zeitalter der Einsamkeit. Harper Collins, 2021
Hustvedt, S.: The Delusions of Certainty, Simon and Schuster 2017. Ebook

Jakobsen, H.Ø.: »Skapelsesberetteren«. Morgenbladet, 2016. www.morgenbladet.no/boker/2016/03/skapelsesberetteren (gelesen am: 9.10.2023)

Kahneman, D.: Schnelles Denken, langsames Denken. Penguin, 2016
Kemp, S.: Digital Trends 2019. https://thenextweb.com/news/digital-trends-2019-every-single-stat-you-need-to-know-about-the-internet (gelesen am: 3.2.2021)
Kharpal, A.: »Palantir worked with Cambridge Analytica on the Facebook data it acquired, whistleblower alleges«. www.cnbc.com/2018/03/27/palantir-worked-with-cambridge-analytica-on-the-facebook-data-whistleblower.html (gelesen am: 8.10.2023)
King, H.: »Mark Zuckerberg: The future of Facebook is telepathy«. www.money.cnn.com/2015/06/30/technology/facebook-telepathy/index.html (gelesen am: 3.10.2023)

Knudsen, E.: »Polariseringen er personlig«. Vox Publica, 2018. https://voxpublica.no/2018/08/polariseringen-er-personlig-vi-misliker-velgerne-til-partier-vi-er-uenig-med/ (gelesen am: 1.2.2021)

Kramer, A.D., Guillory, J.E. & Hancock, J.T.: »Experimental Evidence of Massive-Scale Emotional Contagion Through Social Networks«. Proceedings of the National Academy of Sciences of the United States of America

Lanier, J.: Zehn Gründe, warum du deine Social Media Accounts sofort löschen musst. Übersetzt von Martin Bayer und Karsten Petersen. Hoffmann & Campe, 2019

Lasch, C.: The Minimal Self: Psychic Survival in Troubled Times. W. W. Norton & Company, 1985

Ledford, H.: »Millions of Black People Affected by Racial Bias in Health-Care Algorithms«. Nature, 24. Oktober 2019. www.nature.com/articles/d41586-019-03228-6 (gelesen am: 9.10.2023)

Lund Fjæren, E.: »Designet for internett«. Morgenbladet, 2020. www.morgenbladet.no/boker/anmeldelser/2020/11/19/designet-for-internett/ (gelesen am: 4.10.2023)

Martinez, A.: Chaos Monkeys: Obscene Fortune and Random Failure in Silicon Valley. Harper, 2016

Masters, B.: »Peter Thiel's CS183: Startup – Class 18 Notes Essay – Founder as Victim, Founder as God«. 6.6.2012. blakemasters.tumblr.com/post/24578683805/peter-thiels-cs183-startup-class-18-notes (gelesen am: 11.10.2023)

McLuhan, M.: Die Gutenberg-Galaxis. Aus dem Englischen von Christian Quatmann und Annika Heusermann. Gingko Press, 2011

McLuhan, M.: Die Magischen Kanäle. Understanding Media. Verlag der Kunst, 2012

Miller, J.D., Lynam, D.R., Hyatt, C.S. & Campbell, W.K.: »Controversies in Narcissism«. Annual Review of Clinical Psychology, Mai 2017

Miller, L.E., Montroni, L., Koun, E., Salemme, R., Hayward, V. & Farné, A.: »Sensing with tools extends somatosensory processing beyond the body«. Nature 561, 2018, S. 239–242

Mishra, P.: Das Zeitalter des Zorns: Eine Geschichte der Gegenwart. Übersetzt von Michael und Laura Su Bischoff. S. Fischer, 2017

Moland, A.: »Nytt selvmord i skjult nettverk: Vi har ingen flere å miste«. NRK, 6.1.2020. www.nrk.no/dokumentar/nytt-selvmord-i-skjult-nettverk_vi-har-ingen-flere-a-miste-1.14843395 (gelesen am: 10.10.2023)

New Zealand Tourism: »The Lord of the Rings Filming Locations«. 2022. www.newzealand.com/us/feature/the-lord-of-the-rings-trilogy-filming-locations/ (gelesen am: 9.10.2023)

Nietzsche, F.: Sämtliche Werke. 5, Jenseits Von Gut Und Böse. Zur Genealogie Der Moral. Beck, 1933

Nippert, M.: »Citizen Thiel«. The New Zealand Herald, 2017. www.nzherald.co.nz/indepth/national/how-peter-thiel-got-new-zealand- citizenship/ (gelesen am: 9.10.2023)

Nordby, T.: Gresk mytologi. Dreyers forlag, 2013

NZ Herald: »Thiel met with ›racist fringe‹ figure as he campaigned for trump: report«. 13.9.2020. www.nzherald.co.nz/business/thiel-met-with-racist-fringe-figure-as-he-campaigned-for-trump-report/A6QHZR2QCDYSUOPIHTIRKAPYJM/ (gelesen am: 4.10.2023)

O'Neill, B.: »Identity politics has created an army of vicious, narcissistic cowards«, The Spectator, 19.2.2015. www.spectator.co.uk/article/identity-politics-has-created-an-army-of-vicious-narcissistic-cowards/ (gelesen am: 9.10.2023)

Ovid: Verwandlungen. Aus: Werke in zwei Bänden. Aus dem Lateinischen von Reinhart Suchier. Aufbau Verlag, 1973

PST: PST-rapport om høyreekstreme i Norge. 2019. https://www.pst.no/alle-artikler/Rapporter/pst-rapport-om-hoyreekstreme-i-norge/ (gelesen am: 17.10.2023)

Palaver, W.: René Girards mimetic theory. Michigan State University Press, 2013

Playboy: »The Playboy Interview: Marshall McLuhan«. Playboy, 1969. www.nomads.usp.br/leuphana/mcluhan_the_playboy_interview.pdf (gelesen am: 10.10.2023)

Pynchon, T.: Die Enden der Parabel. Deutsch von Elfriede Jelinek und Thomas Piltz. RoRoRo, 2015

Prebensen, J.C.: »Blir Norge mer polarisert?«, nrkbeta, 21. september 2018

Retter, G.B.: »Å skrive sorg«. Zitiert nach: Bjørlykhaug, K.I. & Vetlesen, A.J. (Hrsg.): Det går til helvete. Eller? Dinamo Forlag, 2020

Russell, S.: Human Compatible: AI and the Problem of Control. Allen Lane, 2019

Sartre, J.-P.: Das Sein und das Nichts. Rowohlt Taschenbuch Verlag, 2014

Sauter, M.R.: »The Apophenic Machine«. Real Life Mag, Mai 2017. www.reallifemag.com/the-apophenic-machine/ (gelesen am: 10.10.2023)

Schlegel, L.: The Role of Gamification in Radicalization Processes. ResearchGate, 2021. www.researchgate.net/publication/348621313_Working_Paper_The_Role_of_Gamification_in_Radicalization_Processes (gelesen am: 9.10.2023)

Shullenberger, G.: »Mimesis, Violence, and Facebook: Peter Thiel's French Connection«. The Society Pages, 2016a. www.thesocietypages.org/cyborgology/2016/08/13/mimesis-violence-and-facebook-peter-thiels-french-connection-full-essay/ (gelesen am: 9.10.2023)

Shullenberger, G.: »The Scapegoating Machine«. The New Inquiry, 2016b. www.thenewinquiry.com/the-scapegoating-machine/ (gelesen am: 24.2.2021)

Simon, H.: »Designing Organizations for an Information-Rich World«. Zitiert aus: Greenberger, M. (Hrsg.): Computers, Communication, and the Public Interest. The Johns Hopkins Press, 1971 doi.library.cmu.edu/10.1184/pmc/simon/box00055/fld04178/bdl0002/doc0001 (gelesen am: 10.10.2023)

Skårderud, F.: »DO YOU MIND? Traumer – tilknytning – terapi – tillit«. www.rvtssor.no/filer/backup/finn-skc3a5rderud.pdf (gelesen am: 10.10.2023)

Sky: »New Zealand: No one reported terror attack live-stream to Facebook for 29 minutes«. Sky News, 19.3.2019. www.news.sky.com/story/nz-gunmans-facebook-video-was-not-reported-until-live-stream-ended-11670096 (gelesen am: 9.10.2023)

Smith, A.: The Theory of Moral Sentiments. 1759

Solstad, D.: Professor Andersens Nacht. Deutsch von Ina Kronenberger. Dörlemann, 2005

Solnit, R.: »David Graeber pushed us to imagine greater human possibilities«. The Guardian, 2020. www.theguardian.com/commentisfree/2020/sep/08/david-graeber-pushed-us-to-imagine-greater-human-possibilities (gelesen am: 10.10.2023)

Sontag, S.: On Photography. Farrar, Straus & Giroux, 1977

Stjernfelt, F. & Lauritzen, A.: »Attention and Dopamine Hits«. ResearchGate, 2020. www.researchgate.net/publication/337446927_Attention_and_Dopamine_Hits (gelesen am: 4.10.2023)

Thaler, R. & Sunstein, C.: Nudge: Wie man kluge Entscheidungen anstößt. Der Klassiker der Verhaltensökonomie – Tipps vom Wirtschaftsnobelpreisträger. Econ Verlag, 2022

The Guardian: »Read Sacha Baron Cohen's scathing attack on Facebook in full: ›greatest propaganda machine in history‹. The Guardian, 22.11.2019. www.theguardian.com/technology/2019/nov/22/sacha-baron-cohen-face-book-propaganda (gelesen am: 9.10.2023)

Thiel, P.: »The Education of a Libertarian«. Cato unbound, 2009. www.cato-unbound.org/2009/04/13/peter-thiel/education-libertarian (gelesen am: 4.10.2023)

Tolentino, J.: »The Age of Instagram Face«. The New Yorker, 2019. www.newyorker.com/culture/decade-in-review/the-age-of-instagram-face (gelesen am: 9.10.2023)

Tufekci, Z.: »YouTube, the Great Radicalizer«. The New York Times, 10. März 2018. www.nytimes.com/2018/03/10/opinion/sunday/youtube-politics-radical.html (gelesen am: 4.10.2023)

Turner Lee, N., Resnick, P. & Barton, G.: »Algorithmic bias detection and mitigation: Best practices and policies to reduce consumer harms«. The Brookings, 22. Mai 2019. www.brookings.edu/research/algorithmic-bias-detection-and-mitigation-best-practices-and-policies-to-reduce-consumer- harms/ (gelesen am: 9.10.2023)

TVO: Marshall McLuhan in Conversation with Mike McManus. www.tvo.org/video/archive/marshall-mcluhan-in-conversation-with-mike-mcmanus (gesehen am: 9.10.2023)

Twenge, J.: »The Sad State of Happiness in the United States and the Role of Digital Media«. World Happiness Report, 2020

Twenge, J.M. & Campbell, W.K.: The Narcissism Epidemic: Living in the Age of Entitlement. Atria Books, 2009

University of Oxford: »Conspiracy beliefs reduce the following of government coronavirus guidance«. 22.5.2020. www.ox.ac.uk/news/2020-05-22-conspiracy-beliefs-reduces-following-government-coronavirus-guidance

UNO: »UN tackles ›infodemic‹ of misinformation and cybercrime in COVID-19 crisis«. www.un.org/en/un-coronavirus-communications-team/un-tackling-%E2%80%98infodemic %E2%80%99-misinformation-and-cybercrime-covid-19 (gelesen am: 4.10.2023)

Vigo, J.: »The Culture of Narcissism in an Era of Identity Politics Gone Awry«. Medium, 13.5.2019. www.medium.com/@julian.vigo/the-culture-of-narcissism-in-an-era-of-identity-politics-gone-awry-e5b568bcf59f (gelesen am: 9.10.2023)

Whitman, W.: Gesang von mir selbst. 1973. www.projekt-gutenberg.org/whitman/grashalm/chap021.html (gelesen am: 9.10.2023)

Williams, J.: Stand Out of Our Light. Freedom and Resistance in the Attention Economy. Cambridge University Press, 2018

Williams, R. & Gray, J.: »Matters of Life and Death: Rowan Williams and John Gray in conversation.« The New Statesman, 2018. www.newstatesman.com/2018/11/john-gray-rowan-williams-conversation-christianity-atheism-cambridge-literature-festival (gelesen am: 10.10.2023)

Zuboff, S.: Das Zeitalter des Überwachungskapitalismus. Übersetzt von Bernhard Schmid. Campus Verlag, 2018

Danksagung

Zuallererst möchte ich dem Gyldendal Verlag und meiner inspirierenden Lektorin Trude Rønnestad für ihren Spürsinn und ihr kluges Feedback danken. Marius Middelthon ist ein unentbehrlicher Verbündeter gewesen, sowohl während des Schreibens als auch an thematischen Weggabelungen. Dank auch an Gard Rønnestad, der sein Wissen über Girard kameradschaftlich mit mir geteilt hat, und an Oddvar Aurstad von Gyldendal, der das Projekt unterstützt hat.

Dankbarkeit empfinde ich gegenüber Morgenbladet, meinem Arbeitgeber, der mir die Zeit gegeben hat, dieses Buch zu schreiben, und all meinen großartigen Kolleginnen und Kollegen. Einige Sätze, die ich während des letzten Jahres in der Zeitung geschrieben habe, sind in dieses Manuskript eingeflossen. Ansonsten ist ein großer Teil des Buches eine Interpretation von Forschungsergebnissen und Theorien, und wenn sich etwas als falsch herausstellen sollte, dann liegt das einzig und allein an mir.

Ein besonderer Dank geht an Marit, Lotte, Janne, Cecilie, Helle, Turi und Beate für gute und neugierige Gespräche.

Aksel und Erika, Ebba und Dagny, ihr alle seid meine wunderbaren Lehrmeister. Zuletzt möchte ich dir danken, Bjørgulv, dem Felsen in meinem Leben. Nun sind wir wieder am Anfang unserer Reise angelangt.

© Julie Pike

Lena Lindgren ist Journalistin und ehemalige Redakteurin der norwegischen Wochenzeitung *Morgenbladet*. Ihr Buch *EKKO – Et essay om algoritmer og begjær* (*Echo – Ein Essay über Algorithmen und Begehren*) hat in Norwegen und Dänemark begeisterte Kritiken erhalten und wurde mit dem norwegischen Literaturpreis Brageprisen für das beste Sachbuch 2021 ausgezeichnet.